ANNE HEINTZE

Auf die leise Weise

Wie *Introvertierte* ihre Stärken erkennen und nutzen

Leise in einer lauten Welt

Sorge gut für dich

Liebe & Familie

Herausforderung Beruf

Vorsicht! Stolperfallen

Glücklich leise leben

Zum Nachschlagen

Vorwort

»Anne Heintze schreibt über Introvertiertheit und zurückhaltende, leise Menschen? Wie kann das sein? Ich habe sie bei Vorträgen erlebt und Interviews mit ihr gesehen. Da wirkt sie kein bisschen introvertiert. Wie kann sie über dieses Thema schreiben?«

Ja, ich rechne mit solchen Reaktionen, denn mein öffentliches Auftreten scheint sich nicht mit dem Bild eines introvertierten Menschen zu decken. Und damit sind wir schon beim Kern dessen, worum es mir in diesem Buch geht: Ich habe gelernt, mein introvertiertes Wesen zu achten, zu respektieren und mit ihm zu leben, ohne in einer Welt, die von und für extrovertierte Menschen gestaltet worden ist, unsichtbar zu sein. Aber ich war nicht immer so. Es war ein weiter Weg. Ich möchte dir von diesem Weg erzählen und dich ermutigen, deinen eigenen kraftvollen Umgang mit deiner Introvertiertheit zu finden.

Viele meiner Klienten sind introvertiert und ich fühle mich zutiefst wohl mit ihnen. Ich muss mich nicht verbiegen und dafür bin ich so dankbar, dass mir beim Tippen dieser Worte ein tiefer Atemzug voller Erleichterung entweicht. Die Erkenntnis, dass ich so bin und alle mir wichtigen Menschen ebenso sind, macht es mir heute wirklich leicht, meine Wesensart zu akzeptieren.

Introvertierte wissen, wie es sich anfühlt, in einer Welt zu leben, die für einen ganz anderen Menschentyp gemacht zu sein scheint. Unsere Gesellschaft wird von Extrovertierten bestimmt. Es geht darum, sich zu zeigen, lautstark für sich einzutreten und sich durchzusetzen. Introvertierten sind solche Dinge fremd. Das heißt aber nicht, dass sie nicht eine Menge zu geben hätten. All die feinen Gaben leiser Menschen gilt es endlich zu entdecken und für alle in der Welt nutzbar zu machen.

Ich möchte dich einladen, herauszufinden, wie du als introvertierter

Mensch auf deine stillere Weise glücklich und erfolgreich sein kannst. Je mehr von uns das tun, umso schneller werden wir sogar die Gesellschaft ändern. Einfach, indem wir gern und glücklich so sind, wie wir sind. Dieses Buch wird dich dabei unterstützen,

- → selbstbewusst zu dir selbst und zu deiner leisen Art zu stehen,
- → eventuelle Schüchternheit oder Gehemmtheit abzulegen,
- → einen Weg zu finden, wie du beruflich zufrieden und erfolgreich wirst und deiner Bestimmung folgst,
- → deine Partnerschaft so zu leben, dass du dich völlig akzeptiert fühlst,
- → dir dein Leben so zu gestalten, dass es Platz für alle deine Wünsche, Sehnsüchte und Träume hat.

Du findest hier viele Informationen und Anregungen sowie einige praktische Übungen, die Kraft und Stärke in dein leises Leben bringen können. Das wird dir gelingen, wenn du – unbedingt schriftlich – mitmachst. Versprochen! Beschenk dich mit einem schönen Notizbuch, das dich beim Lesen begleitet und in das du dir Notizen machen kannst, wenn du dich dazu inspiriert fühlst.

Ich wünsche dir, dass auch du introvertiert glücklich und kraftvoll leben kannst. Herzlichst, deine

Dieses Buch widme ich
meinem Vater,
einem stark introvertierten Menschen.

Leise in einer lauten Welt

Wie sind Introvertierte?

Was macht sie aus, die leisen Menschen?

Ganz sicher haben sie mehr – und spannendere –

Facetten, als die meisten meinen.

INTROVERTIERT, WAS BEDEUTET DAS?

Die Begriffe »Extroversion« und »Introversion« gehen auf den Psychoanalytiker Carl Gustav Jung zurück. Er prägte die Bezeichnungen im Jahr 1921, als er die Grundlage für die differenzielle Psychologie und tief greifende Persönlichkeitsanalysen legte, die bis heute Gültigkeit haben. Jung beschrieb die psychologischen Grundtypen eines Menschen wie folgt: Introvertiert ist der nach innen gekehrte Typus. Sein Fokus liegt auf der Bewegung nach innen. Das Gegenteil, der Extra- oder Extrovertierte ist der nach außen gekehrte Typus.
Der eine Mensch geht gern in sich hinein, der andere gern aus sich heraus. Unter Extroversion wird auch die Eigenschaft verstanden, eine Vorliebe für direkte Erlebnisse mit Dingen und anderen Menschen zu besitzen. Wenn du extrovertiert bist, erlebst du also jede äußere Erfahrung sehr bewusst und genießt sie. Wenn du introvertiert bist, dann bevorzugst du die innere Welt der Gedanken und Empfindungen.

Extro- oder extravertiert?

Wie heißt es richtig? Im Duden werden beide Begriffe gleichgesetzt, ihre Bedeutung ist identisch, sie sind somit austauschbar. Ursprünglich stammt das Wort »Extraversion« aus der differenziellen Psychologie. Im wissenschaftlichen Kontext wird darum »extravertiert« verwendet und lange Zeit stand auch nur diese Variante im Duden. Im allgemeinen Sprachgebrauch ist aber »extravertiert« als Gegenteil von »introvertiert« mittlerweile zugunsten von »extrovertiert« verdrängt worden. Daher verwende ich diesen Begriff hier im Buch.

Informationen werden ausführlicher verarbeitet und tiefer gehend interpretiert als bei den typischen Extrovertierten. Nicht dem Erlebnis selbst, sondern vielmehr der Bedeutung der Erlebnisse um dich herum weist du einen hohen Wert zu. Deine Handlungen richtest du ebenfalls danach aus, welchen Wert sie für dein Innenleben haben.
Bist du introvertiert, dann bevorzugst du eher ruhige Umgebungen, machst beispielsweise einen entspannten Spaziergang durch den Wald oder setzt dich in eine Bibliothek. Große Menschenansammlungen bereiten dir Unbehagen, sodass du überfüllte Partys oder Clubs lieber meidest. Am wohlsten fühlst du dich entweder allein, mit der Familie oder im engsten Freundeskreis. Gern verbringst du Zeit mit deinem Partner oder in einer kleinen Freundesgruppe. Ein gemütlicher Abend mit vier bis sechs Freunden bereitet dir ebenso Freude wie ein entspannter Feierabend zu Hause allein in deiner Wohnung.

WAS SAGT DIE WELT DAZU?

Kein Wunder, dass introvertierte Menschen häufig still und zurückhaltend wirken. Sie agieren überlegt und nehmen oftmals die Rolle eines passiven Beobachters ein. In der heutigen Gesellschaft aber sind andere Werte auf den vorderen Plätzen der So-bist-du-richtig-Skala. Da kommt es vor allem darauf an, sich gut zu verkaufen. Aus diesem Grund werden einem Menschen, der sich gut darzustellen weiß, bessere Chancen zugesprochen. Das kennst du vielleicht und hast es selbst schon erlebt: Introvertierten wird eher eine Rolle als Außenseiter zugeschrieben. Aber stimmt das wirklich?

25 PROZENT SIND KEINE KLEINE GRUPPE

Die Fachliteratur gibt an, dass ungefähr ein Viertel der Menschheit introvertiert ist. Dabei unterscheiden sich die Angaben von Autor zu Autor, da sich genaue Zahlen kaum eruieren lassen. Auf jeden Fall ist klar: Die Introvertierten sind keine Minderheit.

INTROVERTIERTE PASSEN NICHT INS KLISCHEE

Wie Introvertierte wahrgenommen werden, kann ganz unterschiedlich sein. Bei manchen treffen typische Merkmale zu, bei anderen nicht. Deswegen werden Introvertierte von ihrer Umgebung oft gar nicht als solche gesehen. Man sagt zum Beispiel oft, dass sie nicht gern reden. Das scheint logisch, ist es aber nicht. Introvertierte Menschen reden in der Regel nämlich nur, wenn sie etwas zu sagen haben. Small Talk ist ihnen eher unangenehm, deshalb meiden sie ihn. Wenn allerdings ein Thema zur Sprache kommt, das dem Betreffenden liegt, hört er oft nicht mehr mit dem Reden auf. Auch ich kann dann reden wie ein Wasserfall. Keiner käme in so einer Situation darauf, es mit einer Introvertierten zu tun zu haben. Intros sind einfach weder alle über einen Kamm zu scheren, noch entsprechen sie gängigen Vorurteilen.

Ein historisches Beispiel

Als ich Kind war, sprach mein Vater oft über Mark Aurel und sein Werk »Selbstbetrachtungen«. Es war das erste philosophische Buch, das ich las. Es hat mich ebenso geprägt wie mein leiser Vater. Mark Aurel lebte von 121 bis 180 und war fast zwanzig Jahre lang römischer Kaiser und Feldherr. Sein letztes Lebensjahrzehnt verbrachte er vorwiegend auf Feldzügen, also in Grenzsituationen, die ihn tiefer über Leben und Sterben nachdenken ließen. So schrieb er seine Selbstgespräche in diesen letzten Jahren seines Lebens auf. Er thematisierte die Besinnung auf das richtige Handeln, das gute Leben, Grundfragen der menschlichen Existenz. Sein Werk dokumentiert das Bemühen des Herrschers, sein Leben verantwortungsvoll und gemäß der Natur des Menschen zu gestalten. Es zeugt von großer Weisheit und, wie mir scheint, von dem introvertierten Wesen seines Verfassers. Weil er mich so beeindruckt hat, habe ich mich entschieden, alle Zitate in diesem Buch von Mark Aurel zu borgen.

SCHAU NACH INNEN

Bist du introvertiert?

Im Folgenden findest du einige Aussagen, die für eine introvertierte Persönlichkeit sprechen. Es müssen nicht alle Punkte auf dich zutreffen, aber du solltest dich bei mehr als der Hälfte angesprochen fühlen. Je mehr Punkte du bejahst, desto stärker ausgeprägt ist deine Introversion.

1. Du brauchst regelmäßig Zeiten der Ruhe zum Auftanken.

2. Auf andere Menschen wirkst du eher schüchtern und zurückhaltend.

3. Du sprichst ungern über Gefühle. Probleme klärst du am liebsten mit dir selbst oder dem Partner. Oft fällt es dir schwer, dich zu öffnen.

4. Du benötigst nicht viele Freunde, um glücklich zu sein. Es ist dir wichtiger, enge und gute Freunde zu haben, als möglichst viele Leute zu kennen.

5. Du bist gern für dich allein und kannst dich auch über längere Zeit selbst beschäftigen. Du genießt das, es gibt dir Kraft und Kreativität.

6. Über Belanglosigkeiten musst du nicht sprechen.

7. Es fällt dir schwer, neue Freundschaften zu schließen.

8. Du überlegst gründlich, bevor du dich zu einer Aktivität entschließt. Deine Handlungen sind wohlüberlegt und gut durchdacht.

9. Du arbeitest gern in Eigenregie und unabhängig von anderen.

10. Bei zu viel Hektik und Trubel fühlst du dich nicht wohl. Du ziehst ruhige und geordnete Umgebungen vor.

11. Auf Feiern stehst du nicht gern im Mittelpunkt und bleibst eher passiv.

12. Du magst dein Leben geordnet und planst gern.

13. Du liest gern und bildest dich aus einem inneren Antrieb heraus fort.

14. Du giltst als guter Zuhörer, deine Ratschläge werden geschätzt.

15. Du analysierst dein Verhalten häufig und strebst danach, es immer so zu verändern, dass es dir gut geht.

MEIN WEG ZU MIR SELBST

Ich möchte dir gern ein paar Beispiele aus meiner Erfahrung mit dem Stärker-nach-innen-Leben erzählen. Als ich etwa zwanzig war, sollte ich einem Handwerker eine Reklamation nahebringen. Er hatte Rechnungen geschrieben, ohne die vereinbarten Arbeiten beendet zu haben. Mein damaliger Mann bat mich, ihn anzurufen und auf die fehlenden Leistungen hinzuweisen, denn erst wenn die abgeschlossen wären, könnten wir das Geld überweisen. Und was passierte? Ich saß tagelang vor dem Telefon und überlegte, was ich sagen sollte. Was kann ich tun, wenn er ruppig wird? Wie könnte ich auf Einwände reagieren? Ich spielte das alles endlos durch. Immer wenn mein Mann abends fragte, wie es in der Sache steht, sagte ich, ich mach das morgen. Tagelang, bis ich mich endlich traute, dort anzurufen. Es war dann gar nicht so schwer, wie ich befürchtet hatte. Das ist es nie!
Mein kurzes berufliches Intermezzo als Fotomodell vor der Kamera und auf ein paar Laufstegen dauerte nur ein halbes Jahr. Warum wohl? Ich zog es vor, hinter den Kulissen zu arbeiten anstatt im Rampenlicht. So wechselte ich in eine Modeagentur, in der ich dann einige Jahre arbeitete, ohne mit meiner leisen Weise besonders konfrontiert zu sein. Doch einige Jahre später hatte ich Vorträge zu halten und ich wollte

»Es gibt für den Menschen keine **geräuschlosere und ungestörtere** Zufluchtsstätte als seine eigene Seele.«

MARK AUREL

Seminare leiten. Das fiel mir schwer. Richtig schwer! Meine Kleidung suchte ich zu solchen Anlässen so aus, dass mein Hals bedeckt war, denn ich hatte dort immer weithin sichtbare hektische rote Flecken. Der Stress vor der Öffentlichkeit hatte mich fest im Griff. Rollkragenpullover und Schals waren meine Verbündeten. Ich habe heute noch eine große Kollektion davon, auch wenn ich sie nicht mehr brauche. Meine ersten Interviews vor einer Kamera bescherten mir in den Tagen vor dem Termin schlaflose Nächte. Was für ein Glück, wenn Maskenbildner und Visagisten ihr Handwerk beherrschen: Man konnte so den Angstschweiß auf meiner Stirn nicht sehen.

WOHER KOMMT'S?

Meine Familie ist eine Herde von introvertierten Menschen. Finde ich Ausnahmen, wenn ich über sie nachdenke? Nein, da kann ich lange suchen. Meine Eltern hatten und haben nur sehr wenige nahe Menschen in ihrer Umgebung. Sie leben ihre Liebe zur Literatur und zur Musik, sie haben keinen allzu engen Freundeskreis und keine zahllosen weiteren Bekannten, zu denen sie Kontakt pflegen. Niemand in meiner ganzen Herkunftsfamilie ist Mitglied in einem Verein. Keiner pflegt Hobbys oder Interessen, die Mannschaften oder Teams erfordern. Niemand war oder ist Unternehmer, sonst müssten ja Mitarbeiter geführt werden. Keiner trat je an die Öffentlichkeit und wurde wirklich sichtbar. Das war die Umgebung, in der ich aufwuchs.

Entsprechend suchte ich mir meine Interessenfelder, zum Beispiel im Sport. Zuerst war ich Schwimmerin, dann Reiterin. Später zog mich das Golfspielen an. Bei all dem hat mich fasziniert, dass ich immer selbst mein schärfster Gegner war. Kein anderer Mensch war da und ich musste bei keinem dieser Hobbys intensiv reden oder mich abstimmen. Und so wählte ich auch meine vielfältigen Arbeitsgebiete.

Ich bin heute froh, dass ich mir mein Leben so gestaltet habe, dass es perfekt auf mein Wesen abgestimmt ist. Warum passt es so gut zu mir, Blogs und Bücher zu schreiben? Weil ich dabei an meinem Schreibtisch in einer friedlichen, stillen Umgebung sitzen und meine Gedanken formulieren kann. Ja, ich brauche auch Gesprächspartner und ich habe sie in meinem Leben. Sehr wenige und sehr enge. Und wenn ich jetzt so über meine Freunde und mir nahe Menschen nachdenke: Viele von ihnen sind introvertierte Persönlichkeiten. Auch meine Lebens- und Liebespartner waren so. Das habe ich mir ausgesucht. Keiner von ihnen würde mich ändern wollen, keiner verurteilt meine Rückzugstendenzen in meine inneren Welten. Alle nehmen mich so, wie ich bin. Und das funktioniert auch umgekehrt.

Da fällt mir ein: Auch die Tiere meines Lebens waren sehr speziell. Egal ob Pferde, Hunde oder Katzen: Alle waren irgendwie anders, wenig kommunikativ, selbstgenügsam. Sie unterschieden sich deutlich von ihren Artgenossen. Und sie passten zu mir.

Wenn es einmal mit meinem Leben zu Ende geht, werde ich ganz sicher nicht in einem Seniorenheim beim gemeinschaftlichen Nachmittagskaffee aller Insassen glücklich sein. Da werde ich andere Lösungen finden. Das wissen auch meine Kinder und sie verstehen mich.

SCHAU NACH INNEN

Wie war es in deiner Familie?

Denk einmal zurück: Wie war es in deiner Kindheit? Warst du von anderen stilleren Menschen umgeben, denen du dich verwandt fühlen konntest? Oder warst du mit deiner leisen Art allein auf weiter Flur? Umgeben von temperamentvolleren Menschen, die sich über deine unauffälligere Wesensart nur kopfschüttelnd wunderten?

NUR DEN LAUTEN GEHÖRT DIE WELT?

Manchmal kann man wirklich diesen Eindruck gewinnen. Aber was ist mit den Menschen, die nicht gleich vorpreschen, die nicht im Mittelpunkt stehen – was gehört ihnen? Eine ganze Menge! Doch die will erobert sein. Denn unsere Gesellschaft vermittelt ein Bild, in dem Menschen, die nicht gesellig sind oder auch einmal die Führung übernehmen, als schwach gelten. Tatsächlich werden jene, die laut und schnell sprechen, als intelligenter und interessanter wahrgenommen. Sie wirken auf andere sympathischer. Selbst bei der Suche nach einem Partner haben die Schlagfertigen die Nase vorn.

GROSSE WIRKUNG – AUS DEM HINTERGRUND

Natürlich werden Menschen, die sich Gehör verschaffen, immer stärker wahrgenommen. Dies bedeutet jedoch nicht, dass weniger laute Menschen nicht gehört werden oder gar schlechtere Ideen hätten. Im Gegenteil! Oft haben sie nur noch nicht die Berufung gefunden, mit der sie auf ihre eigene Weise auffallen können.

Man muss nicht zwingend eine forsche Art haben, um gehört zu werden. Viele große Denker haben es uns vorgemacht. Albert Einstein, Marcel Proust, selbst Bill Gates oder Steven Spielberg sind (oder waren) eher introvertierte Menschen, die sich gern im Hintergrund halten und dort die Fäden ziehen, statt im Mittelpunkt zu stehen. Dennoch bestehen bis heute Vorurteile und das Ideal scheint der extrovertierte Mensch zu sein. Er fällt auf, er setzt sich durch, er macht, was er will. Dabei vergessen allerdings viele, dass die Stärken von ruhigen und leisen Menschen wirklich wichtig für unsere Gesellschaft sind.

Intros in der Öffentlichkeit

Viele der erfolgreichsten, mächtigsten, begabtesten Menschen sind leise Persönlichkeiten: Bill Gates (Microsoft), Larry Page (Google), Mark Zuckerberg (Facebook), Woody Allen, Alfred Hitchcock, Clint Eastwood, Michael Jackson, Charles Darwin, Loriot, Angela Merkel, Barack Obama, Steven Spielberg, Claudia Schiffer, Michael Schumacher, Steffi Graf, Günther Jauch, Michael Bully Herbig, Avril Lavigne, Herbert Grönemeyer, Sting, Freddy Mercury, Joanne K. Rowling, J. R. R. Tolkien, Jonny Depp, Stephen King, Prinz Charles, Abraham Lincoln, Marie Curie, Albert Einstein und noch viele, viele mehr. Introvertiert zu sein ist also absolut kein Grund, sich zu verstecken. Im Gegenteil: Es fordert dazu heraus, die besonderen Gaben in sich zu entdecken und mit der Welt zu teilen.

WIE ZWEI WELTEN

Treffen introvertierte und extrovertierte Charaktere aufeinander, ergeben sich nicht wenige Reibungspunkte. Dabei können beide Seiten voneinander profitieren. Extrovertierte haben häufig ein großes Präsentationstalent. Sie preschen allerdings manchmal so schnell vor, dass ihre Worte wenig überlegt sind – und genau dies ist die Stärke von introvertierten Menschen. Obwohl sie in der Öffentlichkeit nicht so stark wahrgenommen werden, nehmen sie hingegen die Öffentlichkeit sehr wohl detailliert wahr. Sie sammeln Informationen, verarbeiten sie in aller Stille und erst dann ergreifen sie das Wort. Allerdings mangelt es ihnen häufig an den Fähigkeiten, ihre Gedanken überzeugend zu präsentieren, wobei sie wiederum von den Extrovertierten profitieren können. Beide zusammen ergeben ein ideales Gespann, weshalb gerade große Unternehmen zunehmend sensibler auf die Charaktere ihrer Mitarbeiter achten. Gute Teams bestehen sowohl aus leisen als auch aus lauten Menschen, die effizient arbeiten können, sobald der Teamleiter auf die einzelnen Stärken eingeht und sie für sein Team zu nutzen weiß.

GLEICH UND GLEICH GESELLT SICH GERN

Dieses alte Sprichwort gilt auch beim Charakter. Laute Menschen fühlen sich vorwiegend zu lauten Menschen hingezogen, während Introvertierte sich lieber zu den ruhigeren Typen gesellen. Viele meiner Klienten bestätigen das und wissen auch, dass sie in den ersten Lebensjahren oder gar Jahrzehnten mit sich haderten: »Ich muss endlich auch Spaß an lauten Feiern oder albernem Herumkrakeelen zeigen!« Sie bekamen oft vorgeworfen, dass sie verklemmt oder Spaßverderber seien. Aber es war einfach nicht ihre Art, sich laut und auffallend zu präsentieren. Ihren Spaß hatten sie auf andere Weise. Erst wenn man seine Persönlichkeit verstanden und akzeptiert hat, kann man sich voll entfalten. Und dann hat man auch nichts mehr gegen »die Lauten«. Jeder lebt sein Naturell.

DIE STILLE ALS GROSSE STÄRKE

Die gedankliche Leistungsfähigkeit der eher leisen Menschen ist tendenziell sehr hoch. Ihre Freude am eigenständigen Lernen und ihre großartig ausgeprägte Fähigkeit zuzuhören verschafft Introvertierten einen Vorteil. Gerade Betriebe, in denen von den Angestellten Eigeninitiative erwartet wird, profitieren von Introvertierten. Viele stark extrovertierte Kollegen können sogar negativ für das Arbeitsklima sein. Leise Menschen erledigen ihre Arbeit gern sehr fokussiert. Extrovertierte hingegen stellen viel zu oft sich selbst in den Mittelpunkt, statt sich der Arbeit zu widmen. Daher hat es sich bewährt, immer gut gemischte Teams zu bilden.

Die Gründung von Apple ist nur eines der Beispiele, die den Erfolg der gekonnten Mischung zeigen. Steve Wozniak war ein hervorragender Ingenieur und schuf den ersten Heimcomputer. Doch erst als er sich mit Steve Jobs zusammentat, der ein talentierter Präsentator und begnadeter Verkäufer war, schaffe es der Heimcomputer aus der Garage in die Läden und von dort wiederum in Millionen von Haushalten. Jobs war so präsent, dass oft vergessen wurde, welche Menschen außer ihm hinter der Marke stehen. Wozniak hingegen war nur selten in der Öffentlichkeit zu sehen, wobei auch er das Talent hat, sich zu überwinden, und ein »öffentlicher« Schauspieler sein kann. Dennoch zieht er sich weitgehend zurück, wie es im Übrigen auch viele richtig gute Schauspieler tun. Götz George oder Bruno Ganz zum Beispiel führen eher ein zurückgezogenes Leben. Doch gerade das gibt ihnen die Möglichkeit, ihren Rollen so viel Tiefe und Überzeugungskraft zu verleihen. Auf dem roten Teppich sind sie nur selten zu sehen und oftmals merkt man es introvertierten Menschen wie ihnen an, dass sie sich in dem Rummel auch nicht besonders wohlfühlen.

Neurologische Unterschiede

Tatsächlich zeigt sich der Unterschied zwischen introvertierten und extrovertierten Menschen nicht nur in der Art, wie sie sich verhalten, sie sind auch neurologisch messbar. Das Gehirn introvertierter Probanden wies in Untersuchungen eine tendenziell höhere elektrische Aktivität auf, wobei es nicht relevant war, ob sie sich bei der Arbeit oder in einem Ruhezustand befanden. Das Gehirn von leisen Menschen ist also selbst in einem entspannten Zustand neuronal aktiver, was ein Grund dafür sein könnte, warum sie oft ihren Rückzug brauchen. Ihre Gehirnaktivität ist bereits so hoch, dass schnell die Schwelle zur Überreizung überschritten wird. Diese Unterschiede im Gehirn sind von Anfang an da, in Tests reagierten bereits rund 20 Prozent von 500 Säuglingen auf extreme Reize wie Düfte oder Lärm besonders empfindlich. Dies wird vermutlich beibehalten – es sind Introvertierte. Im Gegensatz dazu reagierten 40 Prozent der Säuglinge extrem gelassen auf diese äußeren Einflüsse, woraus sich schließen lässt, dass sie auch in späteren Jahren aus einer lauteren Umgebung ihre Kraft ziehen. Die 20 Prozent Intros benötigen dagegen viel Ruhe.

DIE STÄRKEN DER INTROVERTIERTEN

Leise Menschen werden gern unterschätzt. Doch sie haben jede Menge Stärken anzubieten und Persönlichkeitsmerkmale, die sie nicht nur zum Erfolgsmodell, sondern auch äußerst liebenswert machen. Möglicherweise sind das Qualitäten, die nicht jedem sofort ins Auge springen – aber sie wirken, auf eine leise Weise eben. In der heutigen lauten Zeit brauchen wir die Introvertierten ganz besonders dringend. Wenn sie all ihre Vorzüge und Qualitäten nicht einbringen würden, wäre unsere Gesellschaft sehr viel ärmer. Auch wenn ihre Lebensart nicht der der Masse entspricht, sind sie eine enorme Bereicherung für uns alle, sowohl im beruflichen als auch im privaten Leben.
Allein die folgende, noch nicht mal vollständige Liste typischer Stärken von Intros macht deutlich, wie wichtig auch du als leiser Mensch für uns alle bist. Das Entscheidende allerdings ist, dass du dir deiner Gaben bewusst wirst, sie zur Blüte bringst und dir selbst und der Welt auch wirklich schenkst. Wenn du sie – zum Beispiel mithilfe dieses Buches – veredelt hast, kannst du sie selbstbewusst leben.

- → Introvertierte können gut zuhören und lieben tiefe Gespräche.
- → Introvertierte lassen sich in Gesprächen gern intensiv auf andere Menschen ein, sie sind sehr verständnisvoll.
- → Introvertierte sind besonders mitfühlende und aufmerksame Beobachter. Sie wissen daher oft gut, wie es anderen Menschen geht.
- → Sie sind zuverlässig und verantwortungsbewusst, sie halten Wort und sind oft »der Fels in der Brandung«.
- → Sie sind sehr gute und beständige Freunde. Wenn einmal Freundschaft geschlossen wurde, dann stehen sie zum anderen.
- → Introvertierte sind vertrauenswürdige und verschwiegene Menschen, sie tratschen selten und können Geheimnisse gut für sich behalten.

»Wie du am Ende deines Lebens wünschst,
gelebt zu haben,
so kannst du jetzt schon leben.«

MARK AUREL

- Sie sind wann immer möglich pünktlich, denn es ist ihnen unangenehm, wenn jemand auf sie warten muss.
- Introvertierte können Schwierigkeiten gut mit sich selbst klären.
- Introvertierte verfügen oftmals über großes Allgemeinwissen, da sie viel und gern lesen.
- Sie können aufgrund ihres breiten Wissens oft sehr kreative, ungewöhnliche Problemlösungen finden und sie sind gute Ratgeber.
- Sie sind äußerst genau und neigen zur Perfektion, das macht sie zu zuverlässigen Mitarbeitern und Geschäftspartnern.
- Sie sprechen nur, wenn sie auch wirklich etwas zu sagen haben. Oberflächliches Gerede ist ihnen fremd.
- Sie mögen einen ehrlichen und offenen Umgang mit anderen, Taktieren und Manipulieren liegt ihnen nicht.
- Introvertierte sind hervorragende Mediatoren und Streitschlichter, da sie gut zwischen unterschiedlichen Menschen vermitteln können.
- Sie sind selbstreflektiert und selbstkritisch, legen großen Wert auf Persönlichkeitsentwicklung und arbeiten an sich.
- Sie sind selbstgenügsam, das heißt, sie brauchen wenig andere Menschen um sich herum, um glücklich und zufrieden zu sein.
- Sie hinterfragen viel, anstatt einfach hinzunehmen, was »man« macht oder was ihnen gesagt wurde. Sie denken selbst.

- Sie überfahren andere Menschen nicht mit ihrer Meinung, sondern lassen ihrem Gegenüber Raum.
- Introvertierte durchdenken ihre Aussagen, bevor sie sprechen. Unbedachte, verletzende Äußerungen erlebt man bei ihnen selten.
- Sie sind gute Planer, da sie vorausschauend sind, um zu viele Überraschungen zu vermeiden.
- Sie langweilen sich sehr selten, da sie vielseitig interessiert sind und leicht anregende Themen für sich finden.
- Introvertierte können gute Führungskräfte sein, da sie auf ihre leise, aber beständige Weise und mit ihrer ausgeprägten Empathie Menschen motivieren können.
- Sie sind beharrlich und geduldig, können standhaft an einem Thema dranbleiben und so wertvolle Ergebnisse erzielen.
- Sie haben eine hohe Konzentrationsfähigkeit. Wenn sie ein Thema interessiert, versenken sie sich vollständig darin.
- Sie leisten in der Wissenschaft Außergewöhnliches. Viele herausragende Forscher waren und sind introvertiert.
- Introvertierte sind oft großartige Künstler: Ohne ihre Musik, ihre Lyrik oder ihre Gemälde wäre unsere Welt wesentlich ärmer.

Ein hoher IQ ist typisch

Das Gifted Development Center in Denver hat in einer Studie herausgefunden, dass offenbar ein Zusammenhang zwischen Intelligenzquotient und Introversion besteht: Je höher der IQ ist, umso wahrscheinlicher ist ein Mensch introvertiert. Das heißt nicht, dass nicht auch Extrovertierte sehr intelligent sein können. Aber meine Erfahrung nach zehn Jahren Coaching mit hochbegabten Erwachsenen bestätigt diese Tendenz ganz eindeutig: Zwischen der leisen Weise und einer hohen Intelligenz besteht eine auffällige Verbindung.

WAS MACHT INTROS SO WUNDERBAR?

Trotz aller Einflüsterungen der Außenwelt – Introvertierte sind auf ihre leise Weise genau richtig. Sie haben viele Stärken, die sie zum Blühen bringen können.

Nur den Lauten gehört die Welt!

Zeig dich! Konkurriere! Kämpfe!

Sei doch nicht so bescheiden! Mach ordentlich Werbung für dich!

achtsam
verschwiegen
gut zuhören
tiefgründig
kreativ
beharrlich
naturverbunden
Ruhepol
Fels in der Brandung

ANGEBOREN ODER ERLERNT?

Es ist eine spannende Frage: Wird Introvertiertheit über die Gene weitergegeben oder wird dieses Verhalten während der Sozialisationsphase erlernt? Studien zufolge sind die Verhaltensmuster Introversion und Extroversion angeboren. Beobachtungen an eineiigen Zwillingen, die getrennt voneinander aufgewachsen sind, haben gezeigt, dass trotz unterschiedlicher Umgebung und Erziehung ein ähnliches Verhaltensmuster zu erkennen ist. Die Untersuchungen deuten darauf hin, dass Introversion in den Genen verankert ist. Die Schlussfolgerung wurde noch untermauert, da zweieiige Zwillinge, die zusammen aufwuchsen, weniger häufig gleiche Merkmale bezüglich der Introversion aufwiesen. Die Erziehung scheint also keine so entscheidende Rolle zu spielen. Allerdings tragen die Erfahrungen in der Kindheit zur Stärke der Introversion bei und können nicht vollständig vernachlässigt werden.

KÖNNEN INTROS EXTROS WERDEN?

Manchmal kommen Menschen zu mir ins Coaching und bitten um eine »Therapie gegen Introversion«. Da dieses Persönlichkeitsmerkmal jedoch angeboren ist, kann kein grundlegender Wechsel in Richtung Extrovertiertheit erfolgen. Und wozu auch? Ein leiser Mensch zu sein hat viele Vorzüge, es bereichert die Welt.

Wenn du allerdings unter manchen deiner Verhaltensmuster leidest, dann solltest du dich aufmachen, die Stärken deiner Introversion zu entdecken und dich zu dem Menschen zu entwickeln, der als Potenzial in dir schlummert. Auch ich habe gelernt, locker mit Lebenssituationen und Anforderungen umzugehen, die Extrovertiertheit verlangen.

Und ich weiß aus der Coachingerfahrung: Du kannst das auch!

Passiv und unsozial? Nein!

Introversion ist eine Persönlichkeitsausprägung, die eine Präferenz für die innere Welt beinhaltet: Man ist gern für sich, genießt die Ruhe und das Eintauchen ins Innenleben. In diesen Fragen besteht ein großer Unterschied zwischen den in der Allgemeinheit verbreiteten Assoziationen zu introvertierten Menschen und den wissenschaftlichen Erkenntnissen. Bei vielen gilt ein Introvertierter als zurückgezogen, passiv oder gar unsozial. Diese vereinfachte Sichtweise deckt sich aber nicht mit vielfältigen Studienergebnissen. Ein guter Teil der Intros ist nämlich gern mit anderen Menschen zusammen und verfügt über einen stabilen Freundeskreis. Was diese Menschen nur brauchen, ist eine Rückzugsmöglichkeit, wo sie aus der Ruhe wieder Kraft tanken können. Aus meiner Erfahrung kann ich ebenso wenig bestätigen, dass Intros passiv oder unsozial sind. Das ist nichts als ein grobes Vorurteil von Menschen, denen es nicht so wichtig ist, auch mal für sich zu sein.

Obwohl die Introversion ein Leben lang relativ stabil bleibt, hast du die Möglichkeit, deine Verhaltensmuster klarer zu erkennen und sogar zu durchbrechen. Du entscheidest selbst, ob du offen auf andere Menschen zugehen und vor größeren Personengruppen sprechen willst. Wenn du deine eigenen Stärken erkennst und dich auf sie konzentrierst, kannst du die Ausprägung der Introversion dort ändern, wo sie dich stört, und somit neue Erfahrungen sammeln. Versuch aber nicht, sie komplett wegzuwerfen. Nicht nur, weil das gar nicht möglich wäre. Sondern weil du damit deinem Wesen nicht gerecht würdest. Du wirst dir beispielsweise immer ausreichend Zeit für dich selbst nehmen müssen, um gesund und ausgeglichen zu bleiben. Du kannst als introvertierter Mensch aktiv und mit deiner ganzen Leidenschaft am sozialen Leben teilnehmen und zugleich benötigst du relativ viel Zeit für dich allein, um neue Kraft zu tanken und frische Ideen zu kreieren.

REINFORMEN GIBT ES NICHT

Ich habe gelernt, zum extrovertierten Sein zu switchen, solange es nur kurzfristig ist und ich mich dann wieder zurückziehen kann. Genau genommen haben die meisten Menschen sowohl Eigenschaften von Intros als auch von Extros. Die Ausprägung ist jedoch unterschiedlich, sodass einige eben als Introvertierte und andere als Extrovertierte gelten. Du kannst dir dies als eine Skala vorstellen, wobei die Unterteilung nach dem Energiegewinn erfolgt. Am einen Ende der Skala wird die Kraft aus dem Inneren bezogen – dort sind die stark Introvertierten zu Hause. Am anderen Ende erfolgt der Kraftgewinn von außen – hier haben die stark Extrovertierten ihren Platz.
Deine Heimat auf dieser Skala ist nicht unverrückbar, du kannst sie ebenso verlagern lernen, wie ich es getan habe. Schon C. G. Jung beschrieb, wie jeder in einem gewissen Rahmen sein Verhalten anpassen kann. So kann also auch ein Intro gelegentlich eine extrovertierte Phase haben, die Stunden oder Tage anhält. Dies ist beispielsweise in beruflichen Situationen oftmals einfach nötig. Allerdings sollten Intros dabei ihre Grenzen beachten, um sich nicht zu überfordern und somit zu schwächen. Zwar ist es für einen leisen Menschen möglich, jeden Tag mit Meetings zu verbringen oder jedes Wochenende die Nächte auf Partys durchzufeiern, doch die Energie wäre dabei schnell aufgebraucht. Ausreichend Freiräume bleiben wichtig.

INTRO, EXTRO, GLEICHWERTIG

Es lässt sich nicht sagen, welcher Typ besser ist. Eines ist jedoch sicher: In unserer Gesellschaft wird Extroversion als erstrebenswert angesehen und Introversion kann oft sogar zum Problem werden. Dies ist jedoch nur eine lang eingeübte Gewohnheit – und jeder Intro kann aktiv mithelfen, sie zu verändern. Dies passiert von ganz allein, wenn du zu deiner Wesensart stehst und deine Persönlichkeit zum Blühen bringst: im optimalen Betätigungsfeld und auf deine ganz eigene leise Weise.

SIND SIE ALLE SCHÜCHTERN?

Was ist nun eigentlich der Unterschied zwischen Introversion und Schüchternheit? Oft wird beides nämlich in den gleichen Topf geworfen. Dort aber gehört es nicht hin, denn nicht alle Intros sind schüchtern. Im Wesentlichen beziehen sie ihre Kraft aus ihrer Innenwelt, sind gern allein und schätzen Rückzugsmöglichkeiten. Sie brauchen nicht viele Menschen um sich herum und sind sich selbst genug. Das alles lässt sie auf andere schüchtern wirken. Aber sie sind meist freiwillig für sich allein, nicht weil sie nicht anders könnten.

Schüchterne wünschen sich im Gegensatz dazu den Kontakt mit anderen, können aber nicht aus ihrem – oft als unangenehm empfundenen – Schneckenhaus heraus. Sie trauen sich selbst nicht zu, Begegnungen zu initiieren, oder entwickeln sogar Ängste und Panikzustände, wenn sie auf andere Menschen zugehen sollen. Schüchterne wünschen sich oft mehr Freunde, mehr Austausch, können aber nicht aktiv werden. Darüber hinaus haben sie häufig Angst vor Zurückweisung. Deswegen wirken sie für Außenstehende ebenso zurückhaltend und ruhig wie introvertierte Menschen. Der Unterschied ist also, dass es Schüchterne wirklich quält, so zurückhaltend zu sein. Natürlich gibt es nicht wenige Menschen, die sowohl introvertiert als auch schüchtern sind. Für sie heißt die gute Nachricht: Die Introversion steckt voller Vorteile und die Schüchternheit lässt sich überwinden (ab Seite 56).

»Derjenige allein ist arm,
der an sich selbst
nicht glaubt.«

MARK AUREL

WIRKE NACH AUSSEN

Gestalte aktiv

Wenn du introvertiert bist, kannst du all dein Wissen darüber für deinen Alltag nutzen. Immer ergeben sich sowohl im privaten als auch im beruflichen Umfeld zahlreiche Möglichkeiten, das Leben aktiv zu gestalten – genauso wie du es brauchst und willst. Sicherlich ist es in einigen Situationen hinderlich, introvertiert zu sein, aber du kannst sie gezielt trainieren.

- Dir fällt es schwer, auf Menschen zuzugehen? Dann ist es hilfreich, in Gedanken ein Muster für den Small Talk bereitzulegen (ab Seite 140). Spiel verschiedene Situationen durch und überleg dir im Vorfeld geeignete Gesprächsthemen. Dadurch gewinnst du an Sicherheit und wirkst weniger schüchtern, handelst jedoch nicht gegen deine Natur.
- Du arbeitest in einem stressigen Job und hast jeden Tag Kontakt zu vielen neuen Menschen? Dann schaff dir Freiräume und Rückzugsmöglichkeiten. Delegier Aufgaben, bring Routine in den Alltag und erhalt dir möglichst viel Unabhängigkeit. Nutz die Freizeit, um neue Kraft zu tanken.
- Du hast das Gefühl, der Welt etwas Wundervolles geben zu können, traust dich aber nicht, es laut herauszuposaunen? Arbeite weiter daran, deine Bestimmung zu finden und dir über deine Gaben klar zu werden. Lass dich Schritt für Schritt von deiner Vision tragen, sie gibt dir die Kraft, dich auch vor anderen Menschen mit dem, was du kannst, zu zeigen. Es muss nicht laut sein. Was richtig gut ist, wird gehört.

In den weiteren Kapiteln findest du detailliertere praktische Hinweise. Du siehst, dass du auch als introvertierter Mensch dein Leben so gestalten kannst, dass deine guten Seiten aufleben und die Schwächen nicht negativ zum Tragen kommen. Du bist in deinen Aktivitäten nicht eingeschränkt. Wenn du deine Eigenheiten kennst und dein Verhalten anpasst, ist fast alles möglich.

INTROVERSION
UND HOCHSENSIBILITÄT

In meiner Arbeit fiel mir sehr schnell auf, wie viele hochsensible Menschen gleichzeitig introvertiert sind. Das liegt einfach in der Natur dieser Veranlagung. Wenn du introvertiert bist, könnte es also gut sein, dass du auch hochsensibel bist, es muss aber nicht so sein. Wenn du den Zusammenhang verstehst und für dich selbst begreifst, ist das eine enorme Hilfe auf deinem Weg zu dir selbst.

AUFS HÖCHSTE SENSIBEL

Der Begriff »Hochsensibilität« wird für Menschen verwendet, die über ein besonders sensibles Nervensystem verfügen und intensivere Wahrnehmungen über ihre fünf Körpersinne erleben als Normalsensible. Viele sind ebenfalls hochsensitiv und haben einen ausgeprägten »sechsten Sinn«. Sie spüren die Stimmungen anderer Menschen sehr intensiv, nehmen Veränderungen im Betriebsklima deutlich wahr, haben eine stark ausgeprägte Intuition bis hin zu medialen Fähigkeiten.

VIEL REIZ – VIEL RÜCKZUG

Ein überaus sensibles Nervensystem passt nun auch ganz wesentlich zu introvertierten Menschen. Diese sind feinfühliger für Stimulationen jeder Art und benötigen daher zumindest phasenweise eine ruhigere Umgebung, um sich wohlzufühlen und in Balance zu bleiben. Während Extrovertierte auch nach einer längeren Zeit unter vielen Menschen und ohne Zeit für sich selbst noch voller Energie sind, suchen Introvertierte viel schneller nach einer kleinen Auszeit, um sich zu regenerieren. Ein Grund kann in der Hochsensibilität liegen. Intros weisen ebenso wie Hochsensible in vielen Situationen eine höhere Gehirnaktivität auf.

Es werden einfach mehr Reize ins Bewusstsein vorgelassen und dort gründlicher verarbeitet. Dies führt natürlich schnell zur Überforderung und zu einer Reizüberflutung. Und selbst wenn schon keine neuen Reize mehr eintreffen, bleibt dieser hohe Aktivitätsstand erhalten. Eine Auszeit ist nun dringend notwendig, damit das nervliche Erregungsniveau absinken kann.

NUTZE DEIN WISSEN ÜBER DICH SELBST

Es ist wichtig, nicht gegen die eigene Natur, sondern im Einklang damit zu leben. Da introvertierte und extrovertierte Menschen unterschiedliche Stimuli benötigen, muss jeder für sich die passende Dosis finden: weder zu viele noch zu wenige Reize. Die richtige Stimulation sorgt für maximales Wohlbefinden und höchste Leistungsfähigkeit. Zu wenig wäre langweilig, zu viel überfordernd.
Stell dir vor, du bist auf einer Party und amüsierst dich prächtig. Doch irgendwann kommt der Zeitpunkt, an dem du dich zurückziehen und nach Hause gehen möchtest, statt die ganze Nacht durchzufeiern. Dann ist es besser, sich zum richtigen Zeitpunkt zu verabschieden und somit einen gelungenen Abschluss zu finden. Wer mich kennt, nickt jetzt mit dem Kopf. Ich habe mir meinen Ruf in diesem Zusammenhang schon vortrefflich ruiniert. Aber damit lebt es sich leichter. Auf Partys bin ich meist die Letzte, die kommt, und die Erste, die geht. Ich habe es schon fertiggebracht, eine Silvesterfeier um 23 Uhr zu verlassen, weil es mir zu laut und zu anstrengend war. Bei eigenen Einladungen konnten meine Gäste schon öfter erleben, dass ich einfach ins Bett gegangen bin. Meine Freunde kennen das und denken sich nichts dabei. Wenn ich morgens wieder auf bin, ist immer alles prima aufgeräumt und ich finde einen Brief, der mir berichtet, dass sie noch viel Spaß zusammen hatten. Wer wirklich selbstbewusst zu sich steht und seine leisere Lebensart mag, wird darin keine Probleme mit seinem Umfeld haben. Menschen, die das nicht verstehen, können nicht meine Freunde sein, sonst müsste ich mich verbiegen und das will ich nicht.

WOHER KOMMT DEINE KRAFT?

Nach einer Veranstaltung ist es für mich normal, dass ich auf der einen Seite innerlich aufgedreht und auf der anderen Seite erschöpft bin. Ich brauche neue Kraft. Die kann ein introvertierter ebenso wie ein hochsensibler Mensch vor allem aus seiner inneren Welt beziehen. Introversion bedeutet ja nicht umsonst, dass du dich lieber auf dein Inneres ausrichtest. Es ist dein Energiereservoir. Dein Akku wird aufgeladen, sobald du für dich sein kannst. Für neue Kraft kann es beispielsweise förderlich sein, ein Buch zu lesen, einen ruhigen Abend zu Hause zu verbringen oder einen Spaziergang zu machen. Extrovertierte hingegen beziehen ihre Energie aus dem Zusammensein mit anderen Menschen und aus Aktivitäten.

Finde die Balance

Instinktiv machen die meisten es genau richtig. Sie wissen, was ihnen guttut. Es ist wichtig, auf die innere Stimme zu hören und die Balance zwischen Aktivität und Entspannung zu finden. Im Alltag kann das allerdings Probleme machen, denn wir sind immer irgendwie von unserem Umfeld abhängig und werden von ihm beeinflusst. Während du dich vielleicht gerade ausruhen möchtest, wirst du von Freunden gefragt, ob du sie nicht zu einem aufregenden Event begleiten willst. Die Welt ist stark extrovertiert ausgerichtet, sodass es Introvertierten schwerfallen kann, zu ihrem Ruhebedürfnis zu stehen und sich dabei nicht langweilig zu finden. Es hilft, solche Situationen möglichst frühzeitig zu erkennen und sensibel zu entscheiden, was angebracht ist. Das bedeutet auch für Intros und Hochsensible nicht, dass sie alle interessanten Möglichkeiten ausschlagen sollten. Aber sie sollten nach Phasen eines aktiveren Lebensstils wieder ausreichend Zeit für sich selbst und das Auftanken im Rückzug finden.

SCHAU NACH INNEN

Bist du hochsensibel?

Die Hochbegabung der Sinne zeichnet sich durch Merkmale aus, die du leicht an dir erkennen kannst. Hochsensible reagieren vor allem empfindsamer auf Reize. In welchen Lebenssituationen und mit welchen Sinnen sie hochsensibel sind, kann jedoch unterschiedlich sein. Manche reagieren nur auf bestimmte Reize, andere haben generell eine sehr sensible Wahrnehmung. Es ist wahrscheinlich, dass du hochsensibel bist, wenn du:

- *von äußeren Eindrücken schnell genug hast und dich überreizt fühlst.*
- *Sinneswahrnehmungen (Licht, Geräusche ...) oft als zu stark empfindest.*
- *dich sehr gut in andere hineinversetzen und mit ihnen fühlen kannst.*
- *intensiv auf bestimmte Nahrungsmittel oder Chemikalien reagierst.*
- *stark berührt werden kannst von der Natur, von Kunst und Schönheit.*
- *einen ausgeprägten Gerechtigkeitssinn hast und mit anderen mitleidest.*
- *intensiv und bunt träumst und dich in Tagträumen verlieren kannst.*
- *eine hohe Schmerzempfindlichkeit besitzt.*
- *von vielen gleichzeitig anstehenden Aufgaben leicht überfordert bist.*
- *ein tendenziell sehr gutgläubiger oder sogar naiver Mensch bist.*
- *von neuen und unbekannten Situationen leicht gestresst wirst.*
- *die Stimmungen anderer schnell erfassen kannst.*
- *ein gutes Gedächtnis für Sinnesreize wie Geruch oder Geschmack hast.*
- *Zugang zu Spirituellem, Psychologischem oder Philosophischem hast.*
- *komplexe Zusammenhänge schnell erkennen und verstehen kannst.*
- *nicht leicht Grenzen setzen und Nein sagen kannst.*

WIE STEHST DU ALS

INTRO IM LEBEN?

Es kann eine wundervolle Erfahrung sein, seine Introvertiertheit zu entdecken und in all ihren Vorzügen zu leben. Was dazugehört, ist eine Portion Selbstreflexion – und dann der Mut, zu sich selbst und seinen Eigenheiten zu stehen. Nach und nach lässt sich dann der Alltag in allen Bereichen so gestalten, dass die leise Weise einfach kein Nachteil mehr ist, sondern genau das, was dich ausmacht und zu dem Besten werden lässt, das du sein kannst. Wie weit bist du auf diesem Weg bereits gegangen? Wie sehr bist du schon im Reinen mit deiner leisen Veranlagung? Schau es dir hier an.

SCHAU NACH INNEN

Der große Intro-Test

Wie sehr hast du dich bereits mit deiner leisen Persönlichkeit angefreundet? Vielleicht bist du richtig glücklich introvertiert. Oder du bist noch auf dem Weg dorthin. Der Selbsttest offenbart es dir. Notier jeweils, wie sehr die folgenden Aussagen auf dich zutreffen. Sei in deiner Einschätzung spontan, vertrau auf deine Intuition. Kreuz pro Aussage ein Kästchen an. Am Ende zählst du die Punkte zusammen. Die Zahlen bedeuten:

0 *trifft nicht oder fast nicht zu*
1 *trifft teilweise oder selten zu*
2 *trifft oft zu*
3 *trifft sehr oft zu*
4 *trifft fast immer zu*

Fortsetzung auf Seite 34

Fortsetzung von Seite 33

	0	1	2	3	4
Es macht mir Freude, nur mit einzelnen Menschen zu sprechen, Gruppengespräche meide ich wenn möglich.	☒	☐	☐	☐	☐
Ich achte gut auf mich und ziehe mich zurück, wenn mir etwas zu viel wird.	☐	☐	☒	☐	☐
Plötzliche Störungen und unerwartete Situationen habe ich gut zu meistern gelernt.	☐	☒	☐	☐	☐
Ich gönne mir viel Zeit für mich allein und kann mich dafür gut einsetzen.	☐	☐	☐	☒	☐
Da ich nicht so gern telefoniere, schreibe ich wenn möglich E-Mails.	☐	☒	☐	☐	☐
Ich arbeite sehr gern und auch sehr gut allein. Mir fehlt dabei nichts.	☐	☒	☐	☐	☐
Ich liebe das Lesen sehr und schöpfe daraus ganz bewusst viel neue Kraft.	☐	☒	☒	☐	☐
Ich habe meine eigenen, zu mir passenden Wege gefunden, um neue Kontakte zu knüpfen.	☐	☒	☐	☐	☐
Ich bin zufrieden mit wenigen, aber stabilen, lange gewachsenen Beziehungen.	☐	☐	☒	☐	☐
Führungsaufgaben kann ich übernehmen, meine leise Art kann dabei gut wirken.	☐	☐	☒	☐	☐
Meine Liebsten akzeptieren, dass ich nicht gern im Mittelpunkt stehe.	☐	☒	☐	☐	☐
Ich lasse mir bewusst Zeit, anstehende Entscheidungen gründlich zu überdenken.	☐	☐	☐	☒	☐
Ich finde, ich habe gute Möglichkeiten gefunden, wie ich einen potenziellen Partner für mich interessiere.	☐	☐	☐	☒	☐
Mit Überraschungen habe ich gelernt umzugehen, auch wenn ich sie nicht suche.	☐	☐	☒	☐	☐
Sogar wichtige soziale Anlässe kann ich gut ignorieren, wenn ich mich dafür verbiegen müsste.	☐	☒	☐	☐	☐
Auf meinen Feiern sind immer nur wenige, individuell ausgesuchte Menschen.	☐	☒	☐	☐	☐
Ich habe gelernt, vor Publikum zu sprechen, und meinen eigenen Stil dabei entwickelt.	☐	☒	☒	☐	☐

	0	1	2	3	4
Mit persönlichen Angriffen habe ich mittlerweile gut umzugehen gelernt.	☐	☐	☐	☐	☒
Ich nehme mir ausreichend Zeit, nachzudenken und anstehende Themen abzuwägen.	☐	☐	☐	☒	☐
Neue Orte und Umgebungen kann ich gut auf meine eigene Weise entdecken.	☐	☐	☒	☐	☐
Mit viel Trubel oder lauten Gesprächen kann ich gut umgehen, ich dosiere das für mich passend.	☐	☐	☒	☐	☐
Ich langweile mich überhaupt nicht, ich liebe die Stille und den Rückzug sehr.	☐	☐	☒	☒	☐
Wenn ich manchmal Eremit oder Eigenbrötler genannt werde, ist mir das egal.	☒	☐	☐	☐	☐
Mit den Erwartungen anderer Menschen kann ich gelassen umgehen.	☐	☐	☒	☐	☐
Ich liebe es, genau hinzuschauen und Details zu beobachten. Es bringt mir oft einen Nutzen.	☐	☐	☒	☐	☐
Ich nehme mir bewusst viel Zeit, bevor ich einem Menschen Vertrauen schenke.	☐	☒	☐	☐	☐
Mit Small Talk kann ich umgehen und habe hilfreiche Strategien dafür entwickelt.	☐	☐	☒	☐	☐
Ich brauche nur wenige, aber verlässliche Freunde.	☐	☐	☐	☐	☒
Wenn ich für ruhig und distanziert gehalten werde, ist das okay für mich.	☐	☒	☐	☐	☐
Ich kenne das Maß, das mir im Miteinander mit anderen guttut, und achte darauf.	☐	☐	☒	☐	☐
Ich bin sehr gern ein nachdenklicher und meistens tiefgründiger Mensch.	☐	☐	☐	☒	☐
Schreiben ist mir viel lieber als Reden. Also nutze ich das wo immer möglich.	☐	☐	☒	☐	☐
Menschen, die schnell und laut reden, kann ich mit einem »inneren Filter« eine bestimmte Zeit ganz gut ertragen.	☐	☐	☒	☐	☐
Große Menschenmengen mag ich nicht, aber sie machen mir weder Angst, noch muss ich sie dringend meiden.	☐	☒	☐	☐	☐

Fortsetzung auf Seite 36

Fortsetzung von Seite 35

Auswertung

Weniger als 40 Punkte: *Deine leise Weise darf noch nicht so leben, wie sie in dir angelegt ist. Es gibt aber viele Möglichkeiten, an Selbstakzeptanz zuzulegen, wenn du das möchtest. Die wahrscheinlich wichtigste Erkenntnis ist: Du bist nicht allein! Es gibt sehr viele Introvertierte, die ihr Sosein anerkennen und es weiter veredeln. Introvertiert zu sein ist ein Persönlichkeitsmerkmal wie deine Körpergröße. Du musst (ja, musst!) sie als Bestandteil deines Wesens mögen lernen. Wäre es nicht eine Verarmung für uns alle, wenn jeder Mensch 1,70 Meter groß wäre? Die Vielfalt macht das Menschsein aus.*
Mithilfe der Anregungen in diesem Buch kannst du viel über dich selbst lernen und dir das Leben als leiser Mensch erleichtern. Lies dazu die Kapitel »Selbstreflexion ist der Schlüssel« (ab Seite 40) und »Achtsamkeit führt dich zu dir selbst« (ab Seite 44).

Zwischen 40 und 75 Punkten: *Du bist sehr vielschichtig und hast bereits begonnen, deine Wesensart bewusster zu leben. Doch es gibt noch viel zu tun, wenn du deine feinsinnige, leise Weise richtig glücklich leben willst. Selbstvertrauen und Selbstfürsorge sind die Schlüssel dazu. Achtest du genug auf deine Bedürfnisse? Gönnst du dir ausreichend Momente der Stille? Oder passt du dich noch zu sehr an die Erwartungen deines Umfeldes an? Das könnte durchaus sein. Doch du darfst mehr vom Leben erwarten. Dieses Buch unterstützt dich dabei, deine Introvertiertheit weiter zu vervollkommnen und glücklich damit zu sein. Lies dazu insbesondere die Kapitel »Erfolg ohne Kampf« (ab Seite 100) und »Finde den Sinn deines Lebens« (ab Seite 154).*

Zwischen 76 und 110 Punkten: *Du kannst als Intro bereits sehr gut zu dir stehen. Doch es könnte sein, dass deine zurückhaltende Art manchmal noch ein Störfaktor ist, zumindest in den Bereichen, in denen du noch keine Strategie gefunden hast, mit deiner Introvertiertheit umzugehen.*

Dies beeinträchtigt dann deine Lebensfreude und deine Fähigkeit, wichtige Lebensziele zu erreichen. Vielleicht verursacht dein leises Wesen dir auch manchmal noch Störgefühle des Selbstzweifels. Dagegen kannst du etwas tun!
In diesem Buch findest du zahlreiche Denkanstöße und Übungen, wie du deine Introvertiertheit noch intensiver lieben lernen und so mehr Freude und Erfolg in dein Leben bringen kannst. Lies insbesondere die Kapitel »Dein großer Feind Selbstzweifel« (ab Seite 123) und »Glaubhaft und authentisch« (ab Seite 148).

Über 110 Punkte: *Du hast gelernt, deine Wesensart hervorragend zu leben und deinen Alltag auf die leise Weise aktiv zu gestalten. Deine feine Lebensart prägt alles, was du tust, und es ist eine schöne Aufgabe, mit diesem Persönlichkeitsmerkmal immer noch besser umgehen zu lernen. Dieses Buch kann dir helfen, zusätzliche Wege zu finden, deine Fähigkeiten zu leben, ohne dich unter Druck zu setzen. Du kannst dabei auch herausfinden, wie du deine leisen Talente, die du (noch) nicht auskostest, gezielt zum Leben erwecken und nutzen kannst. Insbesondere das Kapitel »Lebe deinen Sweet Spot« (ab Seite 105) kann dich beflügeln.*

Wünschst du dir weitere Impulse, dann besuch meine Website (siehe Seite 156). Dort findest du weitere kostenlose Informationen und einen Online-Kurs mit leicht umsetzbaren Selbstcoaching-Hinweisen.

Sorge gut für dich

Die Regeln der Welt passen nicht immer zu den Introvertierten. Sie müssen ihre eigenen Wege finden, um auf ihre Weise glücklich und erfolgreich zu sein.

SELBSTREFLEXION IST DER SCHLÜSSEL

Alles beginnt damit, dass du dich selbst wirklich gut kennst. Nur so kannst du im Kleinsten und im Größten kluge Entscheidungen treffen. Wie oft orientieren wir uns an den Wünschen anderer – und am Ende fühlen wir uns unwohl, überfordert oder übergangen. Deinen Weg, dein Glück, deine Kraft findest du, wenn du dich selbst und all deine Wünsche und Hoffnungen, deine Stärken und Schwächen richtig gut kennst. Denn dann kannst du die Weichen deines Lebenszuges in jedem Augenblick so justieren, dass du an dein höchstes, bestes Ziel kommst. Natürlich kann es schön sein, wenn man die Vorlieben anderer Menschen kennt und sie auch mit ihnen teilen kann. Doch viele Introvertierte neigen dazu, dafür ihre sanfte Persönlichkeit zu verleugnen. Zu sich und ihrem Potenzial stoßen sie vor, wenn sie sich in ihrer wahren Wesensart sehen.

ERKENNE DICH SELBST

Selbstreflexion kann das Nachdenken über die eigenen Verhaltensweisen und Handlungen sein, das dir viele Erkenntnisse über dich selbst bescheren wird. Vermeintliche Ziele wie: nie mehr sich anpassen und nie mehr Kompromisse machen, die wirst du mit Selbstreflexion natürlich nicht erreichen. Aber du wirst bei allen Entscheidungen im Leben daran denken, was dir selbst guttut. Durch deinen Erkenntnisgewinn kannst du in Zukunft auch dein Verhalten gegenüber anderen Menschen besser steuern und brauchst die Fehler der Vergangenheit nicht zu wiederholen. Nach eingehender Selbstreflexion kannst du dich allgemein besser präsentieren und auch bei der Berufsfindung oder der Partnerwahl wirst du mehr auf deine eigenen Bedürfnisse achten.

SCHAU NACH INNEN

Deine Geschichte

Schreib deine Biografie. Nimm dir dafür viel Zeit und sei möglichst vollständig und chronologisch. Es ist erstaunlich, welche Erkenntnisse du dabei gewinnen kannst. Plötzlich werden dir Zusammenhänge klar und lang vergessene Erinnerungen tauchen wieder auf. Lass dein Leben an dir vorüberziehen und erkenn die Momente, in denen du glücklich warst und dich nicht verbiegen musstest.

Um dich selbst zu erkennen, solltest du – auch bei dieser Schreibübung – immer bedenken, wie andere Menschen auf dich eingehen und welche Reaktionen dein Verhalten bei ihnen hervorruft. Versuch das mit einzubeziehen und dich selbst einmal mit den Augen anderer zu sehen. Das kann dir neue Erkenntnisse über dich schenken. Hast du dich vielleicht bislang als einen langweiligen Menschen mit weiteren schlechten Eigenschaften gesehen? Dann kann dieser Blick dir ganz neue Einsichten vermitteln und du wirst dein Leben umgestalten, weil du weißt, dass deine Mitmenschen dich schätzen und gern deine Nähe suchen. Beim Schreiben deiner Lebensgeschichte helfen dir die folgenden Fragen:

- *Wie würdest du dich selbst für jemand anderen beschreiben?*
- *Was sind deine Stärken, was deine Schwächen?*
- *Was waren deine größten Erfolge und die größten Niederlagen?*
- *Worauf bist du in deinem Leben so richtig stolz und warum?*
- *Welche Rollen spielst du in deinem Leben immer wieder ?*
- *Was würdest du genauso wieder machen und was würdest du ändern?*
- *Was möchtest du an deinem 75. Geburtstag von den Gästen hören?*
- *Welche Wünsche möchtest du dir noch erfüllen, welche Ziele erreichen?*

WIE SEHEN DICH DIE ANDEREN?

Bei deinem Erkenntnisprozess können dir wirkliche Freunde helfen, also Menschen, die dir gegenüber positiv eingestellt sind und dich ehrlich, aber dabei auch liebevoll beurteilen werden. Auch dein Partner oder deine Partnerin kann dir wertvolle Hinweise geben. Denn wer kennt dich besser?

Folgende Fragen könntest du den anderen stellen, um mehr über dich in deiner introvertierten Wesensart zu erfahren:

- → Wie wirke ich aus deiner Sicht bei einer ersten Begegnung?
- → Was hast du spontan über mich gedacht, als du mich kennenlerntest?
- → Welchen Eindruck mache ich in Bezug auf Zuverlässigkeit auf dich?
- → Wenn ich nicht mehr in deinem Leben wäre, was würde dir fehlen?
- → Was stört dich an mir, womit rege ich dich auf?
- → Welche Eigenschaften findest du besonders positiv an mir?
- → Was unterscheidet mich als Mensch am allermeisten von deinen anderen Freunden?
- → Weshalb bist du gern mit mir zusammen?
- → Wie würdest du mich einem vollkommen Fremden beschreiben?
- → Was ist deiner Meinung nach meine größte Schwäche?
- → Womit kann nur ich dir eine besondere Freude machen?
- → Was könnte ich tun, um meine Lebensqualität deutlich zu verbessern?
- → Welche Tipps kannst du mir noch geben?

»Wer nicht mit Aufmerksamkeit den Bewegungen der eigenen Seele folgt, gerät notwendig ins Unglück.«

MARK AUREL

Sei liebevoll ehrlich

Achte bei der Selbstreflexion immer auf Ehrlichkeit dir selbst gegenüber. Meide nicht die Wirklichkeit, sieh dir an, wie die Dinge tatsächlich sind. Wer in den Spiegel schaut, der sollte nicht wie in heutigen Hochglanzmagazinen einen perfekt aussehenden Menschen erwarten. Akzeptier deine Makel und Schwächen – sie geben dir Charakter. Wenn dir schwere Stunden deines Lebens in den Sinn kommen, dann erinnere dich genau daran, wie du dich in diesen Momenten dir selbst und deinen Mitmenschen gegenüber gezeigt hast. Welche Seiten wurden sichtbar und welche wolltest du möglichst verbergen? Letztlich gibt es zwei Bilder: das, was du selbst von dir hast, und das, was andere Menschen von dir haben. Vielleicht könnte es jetzt an der Zeit sein, beide zu einem Gesamteindruck verschmelzen zu lassen. Zu einem Bild, das diesen einzigartigen Menschen zeigt: dich.

AUS FEHLERN LERNEN

Wenn du dich selbst erforschst, wirst du, so wie jeder andere Mensch auch, Dinge in deinem bisherigen Leben entdecken, die gut waren, und solche, die du klar als Fehler erkennst. In dieser Phase des Lernens kann ein ehrlicher Blick auf dich selbst dazu führen, dass du dich über diese Fehler nachträglich noch einmal ärgerst. Das ist menschlich. Allerdings solltest du nun den Sprung wagen und diese früheren Fehlschläge als wertvolle Ratgeber ansehen. Sie können sich geradezu als ein Quell von Weisheit zeigen.
Wenn du aus ihnen lernst, kann neuer Schwung aufkommen und das Leben könnte möglicherweise sogar eine völlig neue Richtung nehmen. Eine, die noch viel besser zu dir passt. Mach dir bewusst: Fehler, die du einmal klar durchschaut hast, brauchst du nie wieder zu machen. Sie haben dir ihr Geschenk bereits überreicht.

ACHTSAMKEIT FÜHRT DICH ZU DIR SELBST

Viel wird heute über Achtsamkeit gesprochen. Und tatsächlich ist sie ein äußerst wertvoller Wegbegleiter. Gerade introvertierte Menschen haben die Fähigkeit, große Achtsamkeit zu entwickeln, da sie mit ihrer reichen Innenwelt ohnehin schon feinfühlig in Verbindung stehen. Wenn sie diese Feinfühligkeit mit ihrer guten Beobachtungsgabe paaren, sind die besten Voraussetzungen geschaffen, um sehr wach und innerlich lebendig durchs Leben zu gehen.

EIN GESCHENK DEINER NATUR

Bist du ein offener und neugieriger Mensch und kannst Situationen genau so akzeptieren, wie du sie gerade erlebst, dann hast du den Sinn der Achtsamkeit bereits verstanden. Leise Menschen haben sehr oft eine natürliche Veranlagung dazu. Achtsamkeit ist sozusagen in ihren Persönlichkeitsmerkmalen verankert. Dieser Vorteil der Introvertiertheit kann dich in der reizüberfluteten Welt dabei unterstützen, Stress zu reduzieren oder zu vermeiden und insgesamt mehr Lebensqualität zu erlangen. Du wirst ruhiger, gelassener, kommst bei dir selbst an. Einfach, weil du immer öfter im Moment weilst und mit deiner Aufmerksamkeit bei dem bist, was er dir bringt. Ohne Wertung, ohne Urteil. Du bist einfach – und das fühlt sich wundervoll an.
Du kannst dich allen Erlebnisformen mit Achtsamkeit zuwenden. Ob äußere Vorgänge, körperliche Reaktionen, Sinneserfahrungen, Gefühle, Erinnerungen oder Gedanken. Alles kann eine völlig neue Qualität offenbaren, wenn du achtsam und damit auch erreichbar für die Eindrücke bist. Wenn du dich mit allen Sinnen darauf einlässt, kann ein Spaziergang oder ein Besuch der Eisdiele zu einem Highlight werden.

RAUS AUS DER STRESSFALLE

Hast du nicht auch schon erlebt, dass die alltägliche Routine dazu führt, dass du viele Dinge nur noch mechanisch tust und abends völlig kaputt bist? Was passiert ist: Du warst nicht mehr achtsam. So verlierst du Energie. Gerade für Introvertierte ist es wichtig, diesen Zusammenhang zu verstehen. Lebst du mit Achtsamkeit, wird das dazu führen, dass du bei allem, was du tust, bewusst dabei bist.
Dann kann dich der Stress nicht so leicht erwischen. Denn du hastest nicht mehr von einer Sache zur nächsten, von einer Aktion zur nächsten Erledigung, sondern gehst Schritt für Schritt. Was getan werden muss, tust du, aber du tust es mit Ruhe und ohne Abwehr.

Was bedeutet Achtsamkeit genau?

Achtsamkeit ist eine Form der Aufmerksamkeit in einem besonderen Wahrnehmungs- und Bewusstseinszustand. Einerseits gilt Achtsamkeit als Persönlichkeitseigenschaft, andererseits als eine Methode zur Steigerung der Lebensqualität. Heute kennen wir Achtsamkeit vor allem aus der buddhistischen Lehre und Meditationspraxis. Demnach ist sie eine bestimmte Form der Fokussierung des Geistes auf den gegenwärtigen Moment, der weder bewertet noch verurteilt wird. Er darf einfach so sein, wie er ist. Es wird ihm innerlich Raum gegeben.

Achtsamkeit kann klar von Konzentration unterschieden werden. Diese besteht darin, sich auf ein bestimmtes Objekt einzustellen und die ganze Aufmerksamkeit für diesen begrenzten Bereich der Wahrnehmung aufzuwenden. Achtsamkeit hat eine beinahe entgegengesetzte Ausrichtung. Hier wird der Fokus nicht gezielt eingeengt, sondern vielmehr weit gestellt. Es kann alles wahrgenommen werden, was den Betreffenden selbst ausmacht und was ihn umgibt. Völlige Offenheit für die gesamte Fülle des gerade Bemerkbaren.

Achtsamkeit ist eine ideale Methode zur Stressvermeidung oder zumindest -reduzierung. Jeder Moment ist kostbar und wird als solcher genossen. Der Alltag wird entschleunigt und die inneren Tanks leeren sich nicht restlos aus. Du gehst im Modus der Achtsamkeit auch mit dir selbst sehr viel aufmerksamer und letztlich freundlicher um.
Die heutige Zeit ist so von allgemeinem Stress belastet, dass viele gute Momente einfach für immer verloren gehen. Kaum jemand bemerkt die sprichwörtliche Blume am Wegesrand. Erst die Achtsamkeit schärft den Blick für das Schöne, das Befreiende und auch das Wesentliche. Es wird einfach all das wahrgenommen, was das Leben gerade ausmacht. Sei es ein Gefühl der Wut oder der Freude, ein Verkehrsstau oder ein Lächeln, ein gutes Essen oder abendliche Müdigkeit. Alles darf da sein.

WIRKE NACH AUSSEN

Achtsamkeit trainieren

Du kannst sehr viel dafür tun, damit deine ohnehin schon sehr gut ausgeprägte Achtsamkeit noch intensiver wird und damit deine Lebensqualität steigert. Hier einige Möglichkeiten, wie du noch achtsamer durchs Leben gehen kannst.

- **Achtsamkeit ist Aufmerksamkeit.** Alle Automatismen und Routinen lassen die Achtsamkeit einschlafen. Durchsuch also deinen Alltag nach Abläufen, die du immer wieder auf die gleiche Weise erlebst. Und dann: Ändere sie.
- **Simpel für den Anfang:** Sortier deine Besteckschublade um. Löffel, Gabeln, Messer – leg alles an eine andere Stelle, sodass du nicht mehr blind im Dunkeln findest, was du brauchst. Übertrag das auf andere Dinge.
- **Trainier deine Sinne.** Nimm dir an einem Tag vor, alle deine Sinne besonders intensiv zu nutzen. Dabei schreibst du besondere, ungewohnte oder

intensive Sinneswahrnehmungen auf: der erste Schluck Kaffee am Morgen, der Duft von frischem Brot, die Berührung einer Hand ... Je öfter du diese Übung macht, umso feiner werden deine Sinne reagieren und umso größer wird deine Achtsamkeit.

- **Die sehr gesunde Mediendiät.** Es ist wie beim Fasten, nur reduzierst du nicht die Nahrungsmittel, sondern verzichtest teilweise oder vollständig auf Radio, Fernsehen, Zeitungen, Zeitschriften. Versuch, die Internetnutzung auf das Nötigste zu beschränken. Was geschieht dann? Womit füllst du deinen Feierabend und die Wochenenden? Gehst du in die Natur, liest du ein Buch? Oder triffst du dich mehr mit Menschen? Wie verändern sich Wahrnehmung und Achtsamkeit?
- **Achte auf deine Gedanken.** Im Talmud heißt es so schön: »Achte auf deine Gedanken, denn sie werden zu deinen Worten. Achte auf deine Worte, denn sie werden zu deinen Handlungen. Achte auf deine Handlungen, denn sie werden zu deinen Gewohnheiten. Achte auf deine Gewohnheiten, denn sie werden zu deinem Charakter. Achte auf deinen Charakter, denn er wird zu deinem Schicksal.« Aus diesen wundervollen Zeilen wird deutlich, wie wichtig eine immerwährende mentale Hygiene ist. Du kannst deine Gedanken übrigens durch eine kleine Meditation steuern lernen. Setz dich hin und beweg dich nicht. Atme ganz ruhig ein und aus und schließ die Augen. Erinner dich nun an die letzte Stunde: Was hast du getan? Was hast du dabei gedacht? Welche Gefühle waren damit verbunden? Spür aufmerksam all deinen Gedanken- und Empfindungsmustern nach.
- **Glaub deinen Gedanken nicht.** Du bist nicht deine Gedanken und du bist auch nicht ihr Gefangener. Achte einmal einen ganzen Tag lang darauf, was du so alles denkst. Überprüf diese Gedanken auf Wahrheitsgehalt und Nützlichkeit. Wenn du dabei öfter den Kopf schütteln oder lachen musst, hast du den ersten Schritt zum achtsamen Denken getan und deine Gedanken werden dir viel weniger Stress bereiten. Denk künftig anders, nützlicher, nährender, konstruktiver.

GEDANKENHYGIENE IST SEELENHYGIENE

Es scheint immer mehr Menschen zu geben, die von ständigen Selbstzweifeln, Selbstkritik und negativen Gedanken geplagt werden. Introvertierte sind dafür besonders empfänglich, einfach weil sie sich die Dinge schnell zu Herzen nehmen. Viele haben das Gefühl, das ewige Gedankenkarussell nicht mehr anhalten zu können, und ihnen wird im wahrsten Sinne des Wortes davon schwindlig. Sie nehmen die Gedanken abends mit ins Bett und werden morgens damit wieder wach. Ein ununterbrochenes Kreisen um Probleme oder um Dinge, die zu Problemen werden könnten. Manche fühlen sich regelrecht verfolgt von all den nagenden Zweifeln und Sorgen.

GUTE GEDANKEN, GUTE GEFÜHLE

Doch man kann sie loswerden, die lästigen destruktiven Gedanken. Und es kann sogar zur Selbstverständlichkeit werden, positiv zu denken. Sicher, uns wird schon von Kindesbeinen an eine Neigung zu negativen Gedanken mitgegeben. Sprüche wie: »Das Leben ist hart!«, »Du musst etwas leisten, sonst kommst du zu nichts!«, »Ohne Fleiß kein Preis!« kennt jeder von uns. Aber haben sie noch Gültigkeit? Für dich persönlich? Oder willst du nicht mal versuchen, ohne sie auszukommen? Und stattdessen neue, schönere Gedanken finden? Wenn du dein Denken verändern willst, kann sich das am Anfang irgendwie nicht richtig anfühlen, vielleicht sogar seltsam. Doch du wirst nach einiger Zeit merken, wie sich nicht nur deine Gedanken verändern, sondern auch dein Umfeld, dein Körper und dein ganzes Leben. Alles bekommt viel mehr Leichtigkeit und übersprudelnde Freude, die du vorher nur selten erlebt hast.

SCHAU NACH INNEN

Negatives Denken stoppen

Lausch einmal in dich hinein und frag dich, wie oft du dich mit Gedanken wie: »Mir geht es so schlecht, weil XY dieses oder jenes gesagt hat« oder »Ich bin nichts wert, schon mein Vater sagte immer, dass ich zu nichts tauge« herumplagst. Spürst du, wie diese Sätze dein Selbstbewusstsein schrumpfen lassen?
Was wäre, wenn die anderen diese Dinge nicht gesagt hätten? Wenn sie dich stattdessen gelobt hätten? Oder wenn dein Vater Worte wie »Du wirst deinen Weg gehen, ich vertraue dir« gesagt hätte? Die Macht der anderen scheint groß. Doch du kannst sie zu dir zurückholen. Nutz die Worte dafür, denn sie sind ebenfalls mächtig. Zwei Schritte sind nötig: Du stoppst deine negativen Gedanken, sobald sie dir bewusst werden. Und du stellst ihnen positive Aussagen entgegen. Sag dir selbst das, was du gern von den anderen gehört hättest. Und schau mal nach, ob nicht diese Aussagen in Wirklichkeit die Wahrheit über dich sagen: »Du schaffst es, denn du bist stark«, »Du weißt, was du tust, und gehst deinen Weg«.

GLÜCK IST MAGIE

Wir alle hatten bereits gute Zeiten in unserem Leben und wissen, wie sich das anfühlt. Wenn einfach alles klappt. Wenn wir uns stolz und groß fühlen, rundum gut. Deswegen kennen wir auch den Mechanismus: Wenn wir von etwas überzeugt sind oder etwas besonders gut können, macht es uns zufrieden und glücklich. Erinnerst du solche Momente? Nichts und niemand kann dir etwas anhaben. Dieser Moment, in dem du das spüren kannst, ist der Schlüssel zum Glück.

SCHAU NACH INNEN

Spür die Kraft des Moments

Nimm dir ein paar Minuten deiner kostbaren Zeit für dich selbst. Such dir einen Platz, an dem du gut entspannen kannst. Vielleicht ein ruhiger Ort in der Natur, die warme Badewanne, die gemütliche Couch, der erdige Boden im Garten, was immer du möchtest.

- *Verlass dich auf dein Bauchgefühl und frag dich: Was genau ist in diesem Moment nicht in Ordnung, genau jetzt? Finde deine Antwort.*
- *Vielleicht geht es dir wie vielen anderen, die sagen: »Im Moment ist alles okay, jetzt gerade geht es mir gut, aber gestern …« Genau dort ist dein Ansatz. Was hat das Gestern mit dem Augenblick zu tun? Es ist vorbei. Versuch, den Moment zu erfahren. Schweif nicht ab. Was vor einem Tag oder einer Stunde war, ist vorbei. Erleb den Moment ganz bewusst. Spür deinen Atem, deinen Körper. Sei gegenwärtig.*
- *Wenn du merkst, dass wieder Gedanken an Schwierigkeiten kommen, geh zurück zu deinem Atem. Kannst du ihn spüren? Jetzt? Frag dich erneut: »Welches Problem habe ich jetzt, in diesem Moment?«*

Du kannst den Fokus auf das stimmige Jetzt in jedem Moment wählen. Wenn du in der Warteschlange vor der Kasse, im Stau oder vor einer Schranke stehst – entspann dich und geh mit deiner Aufmerksamkeit zu deinem Atem. Spür, wie er ein- und ausströmt, sich vielleicht vertieft, weil du zur Ruhe gekommen bist. Nutz solche Zeiten für dich zum Relaxen. Versuch, dich nicht über die Wartezeit zu ärgern, sondern nimm sie als Geschenk des Universums. Jetzt kannst du Zeit mit dir selbst verbringen und entspannen.

LASS DIE GEDANKEN KOMMEN, ABER AUCH WIEDER GEHEN

Am Anfang wird es nicht so leicht sein, die kreisenden negativen Gedanken loszuwerden, doch es wird dir mit der Zeit immer besser gelingen. Beginn nicht krampfhaft und versessen, an etwas Schönes zu denken. Lass die Gedanken einfach kommen und gehen, egal, ob es gute oder schlechte sind. Lass sie einfach durch dich hindurchströmen und fokussier dich auf dein Erleben: »Okay, da sind Gedanken.« Je öfter du probierst, den aktuellen Moment bewusst wahrzunehmen, umso häufiger wird sich von ganz allein ein Gefühl der Zufriedenheit in dir ausbreiten. Du atmest tiefer und ruhiger, wirst insgesamt entspannter und auch dein Umfeld wird sich verändern und sich deiner Schwingung entsprechend wandeln.

WIRKE NACH AUSSEN

Die Macht deiner Ausstrahlung

Die Magie des Lebens, willst du sie spüren? Dann probier einmal Folgendes aus: Wann immer dich etwas stört oder ärgert, halt inne. Atme durch und erleb den Moment, wie er ist. Spür die Situation, spür deinen Ärger, deinen Atem – und lass alles so sein, wie es ist. Was passiert? Verfliegt der Ärger und du spürst stattdessen so eine stille Schönheit des Seins? Wenn du das eine Zeit lang übst, wirst du merken, wie sich dein Umfeld verändert. Menschen werden sich zu dir hingezogen fühlen, weil deine Anwesenheit guttut. Du wirst spüren, dass dich kleine Dinge, die du früher kaum bemerkt hast, zutiefst berühren. Automatisch stellen sich Dankbarkeit und Liebe ein. Das Leben zeigt sich freundlich und kommt dir immer wieder entgegen, um dich zu beschenken.

DEIN KÖRPER
UND SEINE SPRACHE

Introvertierte sind oft auch hochsensible Menschen, deren Körper schnell auf zu viel Stress reagiert. Wenn sie zu lange unter Leuten sind, zu viel Lärm um sich haben oder zu vielen Aktivitäten folgen, fühlen sie sich nicht mehr wohl. Der Körper signalisiert: Ich brauch jetzt Ruhe! Vielleicht zeigt sich Müdigkeit, vielleicht Kopfschmerz oder der Magen drückt. Bei jedem können die Symptome anders aussehen, aber immer sollten sie ernst genommen werden. Je schneller nämlich darauf reagiert wird, umso leichter kann sich der Körper erholen. So einfach kann oft sogar Krankheiten vorgebeugt werden.

SCHLAF, BEWEGUNG, ERNÄHRUNG – ALLES IM LOT?

Der große Vorteil Introvertierter ist, dass sie sich viel und gern und freiwillig nach innen wenden. Dadurch bemerken sie schnell, wenn etwas nicht stimmt. Wichtig ist natürlich, dass sie dann auch gegensteuern und die Körpersignale nicht herunterspielen. Der Nachteil, der hier als Gegenspieler auftritt, ist, dass viele Intros versucht sind, sich an die lautere Außenwelt anzupassen. Und dann kann es passieren, dass sie sich überfordern, obwohl sie spüren, dass es ihnen nicht mehr gut geht. Zum anderen grübeln viele leise Menschen häufig und sind Meister der Selbstzweifel. Vor allem nachts mahlen dann die Gedankenmühlen, was auf Dauer zu einem erheblichen Schlafmangel führen kann. Die Folge davon ist chronische Müdigkeit, bis hin zum Burnout. Lass es keinesfalls soweit kommen! Du kannst viel tun, um dem entgegenzuwirken – Hilfe findest du in diesem Buch beispielsweise zum Thema Selbstzweifel (ab Seite 123) und zur Gedankenhygiene (ab Seite 48).

SCHAU NACH INNEN

Kennst du deine Körpersignale?

Beantworte dir die folgenden Fragen. Mach es am besten schriftlich, das wird einen größeren Erkenntnisgewinn für dich ergeben.

- *Bist du dir bewusst, wie viel Schlaf du täglich brauchst, um richtig gut erholt zu sein? Und zu welchen Zeiten?*
- *Weißt du, woran du merkst, dass du zu wenig Schlaf bekommen hast?*
- *Weißt du, wie eine für dich optimale und ausgewogene Ernährung aussieht, die dir Kraft gibt und bei der dich der Verdauungsprozess nicht unnötig Energie kostet?*
- *Kennst du die Lebensmittel, die dir besonders viel Kraft schenken, und nimmst du diese auch oft genug zu dir?*
- *Welche Bewegungsformen tun dir gut? Bist du dabei lieber allein oder mit anderen zusammen aktiv? Was bringt deinen Kreislauf am angenehmsten auf Touren?*
- *Wie fühlst du dich, wenn du auch im Winter täglich eine halbe Stunde an die frische Luft gehst, und wie, wenn du das nicht tust? Woran merkst du, dass du nicht genug Licht und Sauerstoff getankt hast?*
- *Weißt du, wie dir befriedigende erotisch-sinnliche Erlebnisse immer wieder viel Kraft und Lebensfreude schenken können?*

Der Körper kann gerade für Introvertierte ein sensibler Freund sein, mit dem gemeinsam sie für höchste Lebensqualität sorgen können. Je genauer sie seine Sprache kennen und auf seine Bedürfnisse antworten, umso kraftvoller und ausgeglichener können sie ihr Leben gestalten.

NUTZE DEINE KÖRPERSPRACHE

Über seine Sprache vermittelt der Körper nicht nur etwas »nach innen«, also zu dir, sondern auch nach außen zu den Menschen, die dich wahrnehmen. Es sind Mimik, Haltung und Gestik, die vieles darüber verraten, wie du gerade fühlst und denkst. Du kannst etwas mit Worten darstellen, und dennoch versteht dein Gegenüber vor allem das, was er sieht. Für ein selbstsicheres Auftreten ist es daher gerade für Introvertierte wichtig, sich ihrer Körpersprache bewusst zu sein und diese auch gezielt einzusetzen.

DER KÖRPER SAGT'S DIREKT

Die nonverbale Kommunikation läuft über den Körper. Wer mit hängenden Schultern dasteht, wirkt auf seine Umgebung wie ein Häufchen Elend. Wer die Schultern nach oben zieht, strahlt aus, dass ihm die Situation unangenehm ist. Mit einer aufrechten Haltung und lockeren Schultern hingegen wirkt man selbstbewusst und stabil.
Das lässt sich sogar nutzen, wenn man sich unsicher fühlt: Halt dich aufrecht – und schon wirkst du sicher.
Frauen können meist etwas besser mit der nonverbalen Kommunikation umgehen. Ihnen fällt die gezielte Anwendung ebenso wie das

»Es wäre dumm, sich
über die Außenwelt zu ärgern.
Sie kümmert sich nicht darum.«

MARK AUREL

Verstehen der Mimik und Gestik eines Gesprächspartners leichter als Männern. Aber auch als Mann kannst du lernen, dein Bewusstsein für die Wirkung deiner nonverbalen Signale zu schärfen.
Und du hast als Mann auch Vorteile. Denn auf der anderen Seite schaffen sich Frauen oft Nachteile durch ihre Körpersprache. Stell dir einmal das klischeehafte, aber doch nicht untypische Bild vor: Eine Frau setzt sich »zierlich« etwas seitlich hin, hält die Knie eng zusammen oder schlägt die Beine übereinander, dann legt sie die Hände in den Schoß, gestikuliert wenig, neigt den Kopf leicht, blickt von unten nach oben und spricht mit leiser Stimme.
Und der Mann ihr gegenüber? Er sitzt mit gespreizten Beinen da, den Oberkörper voll zugewandt. Er reckt das Kinn ein wenig nach oben, gestikuliert mit ausladenden Bewegungen, spricht mit kräftiger Stimme und blickt seinem Gesprächspartner direkt in die Augen.
Wer von beiden hat mehr Präsenz? Wer wird stärker wahrgenommen? Wer strahlt mehr Selbstsicherheit aus? Wem wird eher zugehört? An wen erinnert man sich mehr und positiver? Die Botschaft ist klar. Völlig egal, was gesprochen wird und wer mehr Kompetenz oder Wissen hat – die Positionen sind bereits eindeutig verteilt.

Das macht präsent

Es gibt ein paar klare Zeichen, die dem Umfeld signalisieren: Dies ist ein selbstbewusster Mensch. Sie werden von den anderen auch gänzlich unbewusst wahrgenommen. Du aber kannst sie bewusst einsetzen. Verinnerliche sie, übe sie vor dem Spiegel und wende sie an:

Eine aufrechte, gerade Kopfhaltung. Eine zugewandte Körperhaltung. Ein unverkrampftes Lächeln. Ein direkter Blick. Eindeutige Gestik. Klare Stimme. Ein kräftiger Händedruck ... Wer sollte dem widerstehen?

NIE WIEDER SCHÜCHTERN

Bewunderst du Mitmenschen, die ohne Probleme auf Fremde zugehen können und durch ihr Selbstbewusstsein überall positiv auffallen? Wärst du gern ebenfalls so? Oder zumindest öfter? Dann gehörst du vielleicht zu den Menschen, die noch nicht so glücklich mit ihrer Introvertiertheit sind. Und möglicherweise gehörst du auch zu denen, die schüchtern sind. Schüchternheit heißt, dass es eine gewisse Scheu davor gibt, allgemein auf Menschen zuzugehen, mit Fremden Kontakte zu knüpfen oder sich einfach vor anderen offen zu zeigen.
Ich habe viele introvertierte Menschen getroffen, die sich selbst als ausgeprägt schüchtern bezeichnen. Mangelndes Selbstvertrauen kann die Ursache sein oder es gab in der Vergangenheit Ereignisse, die die angeborene Zurückhaltung noch mehr verstärkt haben. Doch Schüchternheit ist kein Schicksal, in das du dich ergeben musst. Mit einer gezielten Stärkung deines Selbstvertrauens (auch ab Seite 134) kann es gelingen, dass du bald offener und selbstbewusster Kontakte knüpfst.

ANGST VOR ZURÜCKWEISUNG

Schüchterne glauben oft, dass sie keine positive Wirkung auf andere haben. Dabei kann noch hinzukommen, dass sie sehr genau auf Menschen achten, die einen besonders selbstbewussten Eindruck machen. Sie vergleichen sich mit ihnen – und fühlen sich dann schlecht. Oft glauben sie sogar, dass der Selbstbewusste sie bestimmt verachtet … Das Problem vieler Schüchterner ist ihre innere Wahrnehmung, mit der die eigene Wirkung auf andere sehr viel schlechter eingeschätzt wird, als sie ist. Ich habe beispielsweise einmal einen Klienten gehabt, der in der Schule gemobbt worden ist. Das hatte sich

SCHAU NACH INNEN

Wer findet dich tatsächlich blöd?

Oft reagieren wir schüchtern, weil uns frühere Erfahrungen eingeimpft haben, uns würden andere Menschen einfach nicht gut oder attraktiv finden. Das stimmt aber in der Gegenwart häufig gar nicht. Nimm dir daher ein wenig Zeit, um zu erkennen, dass nicht jede unangenehme Reaktion eines anderen mit dir zu tun hat. Dafür gibt es mehrere Wege:

- *Erinner dich an frühere Situationen und frag dich, ob sie vielleicht mit dem heutigen Abstand auch ganz anders interpretiert werden können.*
- *Sprich jemanden, der dir unfreundlich erscheint, direkt an. Frag in einem versöhnlichen Ton, ob zwischen euch etwas vorgefallen ist, das geklärt werden sollte. Ganz oft wird sich herausstellen, dass der andere überhaupt nicht dich persönlich gemeint hat.*
- *Stress lässt Menschen oftmals genervt und gereizt reagieren, doch dies ist dann nur der Situation zuzuschreiben und hat nichts mit deiner Person zu tun. Mach dir bewusst, dass jeder andere in diesem Moment auch so behandelt worden wäre.*

so tief in ihm eingeprägt, dass er davon ausging, dass alle Menschen ihn »doof« finden würden. Dabei wirkte er sympathisch und konnte mir kaum stichhaltige Beispiele aus seinem Erwachsenenleben erzählen, in denen er tatsächlich schlecht angekommen war. Ich versuchte, ihm klarzumachen, dass er in der früheren Erfahrung wirklich schlecht behandelt worden sein mochte – dass dies aber nicht heißen müsse, dass dies für die Gegenwart immer noch gelte. Die Anregungen oben konnten ihm helfen, vielleicht sind sie auch etwas für dich.

RAUS AUS DER SCHÜCHTERNEN ECKE

Trau dich raus ins Leben, auch wenn du dich für schüchtern hältst! Du kannst es üben, auf Menschen zuzugehen, sie anzusprechen. Danach machst du es dir wieder in deiner stillen privaten Umgebung gemütlich – stolz und zufrieden.

UNANGENEHMES GEHÖRT DAZU

Viele, die durch ihr starkes Selbstbewusstsein auffallen, erwecken bei weniger selbstbewussten Menschen den Eindruck, dass sie keinerlei Fehlschläge erlebt hätten. Ihr Auftreten kann allerdings täuschen, denn was wie ein glückliches und unkompliziertes Leben aussieht, wird bei den »Siegertypen« genauso wie bei allen anderen auch von Rückschlägen, peinlichen Momenten und allerlei Pannen begleitet sein.
Wo aber liegt der Unterschied? Wenn es in jedem Leben Gutes und weniger Schönes gibt, warum ziehen sich die einen dann zurück, während die anderen voller Selbstvertrauen strahlen? Was einen eher scheuen Menschen dazu veranlasst, sich noch mehr in ein Schneckenhaus zu verkriechen, ist für einen selbstbewussten Menschen einfach eine schlechte Erfahrung, aus der er lernen und die er überwinden kann. Zu erkennen, dass auch Menschen voller Selbstvertrauen unangenehme Momente erleben und Rückschläge im Leben haben, hilft Schüchternen häufig, mit Negativem besser umgehen zu können. Sie hören dann auf zu denken, dass immer nur ihnen die schlimmen Dinge passieren. Denn dieses Gefühl hemmt die Lebensfreude und verstärkt die Schüchternheit weiter.

SCHÜCHTERNHEIT ABLEGEN

Es ist möglich, aus der Schüchternheit herauszufinden. Ganz klar. Erwarte aber nicht, dass du von einem scheuen Reh zum Partylöwen mutieren wirst. Das ist nicht nur unmöglich, es ist auch nicht sinnvoll. Denn es würde deinem Wesen nicht gerecht und all die Qualitäten, die du mitbringst, würden verkümmern. Es sind die Gaben eines leiseren Menschen – und wenn du sie voll und ganz auslebst, wird Schüchternheit kein Thema mehr sein.
Vom schüchternen zum selbstbewussten Intro zu werden, das ist ein Weg, der nicht im Sprint zu bewältigen ist. Aber ist der erste Erfolg spürbar, gehst du unbeirrt weiter. Dein Leben wird dir immer mehr Lebensfreude bescheren und du wirst immer mehr zu dir selbst.

RÜCKZUG? FALSCHE RICHTUNG!

Deine Schüchternheit kann sich verschlimmern, wenn du dich ganz und gar von anderen Menschen zurückziehst. Du solltest ihr mit einem aktiveren Lebensstil entgegenwirken. Das Maß musst du selbst finden. Weder solltest du dich überfordern noch deinen alten Mustern zu sehr nachgeben. Geh in kleinen Schritten vor. Du triffst eine Freundin auf der Straße, die mit jemandem unterwegs ist, den du nicht kennst? Wenn sowieso ein Gespräch entsteht, versuch, mit diesem unbekannten Menschen ein paar Worte zu wechseln. Zeig ihm dein Interesse, lächle, stell ihm Fragen – und schau, was passiert.

GÖNN DIR KONTAKTE – NACH DEINEM MASS

Willst du deine Schüchternheit überwinden, dann achte insbesondere auch darauf, welche Signale dein Verhalten aussendet. Sprachlosigkeit beispielsweise kann auf andere wie Desinteresse wirken. Sag also etwas, einfach eine freundliche Bemerkung, und schon ist das Eis gebrochen. Viele Menschen können Schüchternheit nicht erkennen, vor allem wenn sie selbst nicht schüchtern oder introvertiert sind.
Während Extrovertierte gern ausgehen und Spaß mit Freunden haben, denken Introvertierte viel über sich und das Leben nach und gehen

Die Zeit ist auf deiner Seite

Eine wirklich gute Nachricht: Schüchternheit verfliegt meist mit zunehmendem Alter. Ab 30 Jahren nimmt sie spürbar ab und mit 50 ist sie meist gar kein Thema mehr. Hier ist wirklich jedes weitere Lebensjahr von großem Vorteil. Ich habe diese Entwicklung oft erlebt, bei anderen Menschen und bei mir selbst. Mit zunehmender Lebenserfahrung können die meisten gut zu sich selbst stehen und sich damit auch anderen zeigen.

weniger oft aus dem Haus. Viele Intros treiben leider auch keinen Sport. Das kann sich negativ auf die Gesundheit auswirken. Ein Mangel an Freizeitaktivitäten an der frischen Luft (wo man andere Menschen trifft) und wenige freundschaftliche oder familiäre Kontakte setzen einen Teufelskreis in Gang: Geht man nicht raus, trifft man weniger Leute. Trifft man weniger Leute, fühlt man sich verlassen und seltsam. Also geht man weniger raus … Auch als schüchterner Mensch solltest du dir ein kleines, aber feines soziales Netzwerk aufbauen. Es müssen ja nicht viele Freunde sein, aber du solltest ihnen vertrauen können. Bei einer Tasse Tee gemütlich plaudern oder gemeinsam durch die Natur spazieren, das tut deiner Seele gut. Es gibt dir das Gefühl, Teil des Ganzen zu sein. Und gemeinsames Lachen verbessert immer die Stimmung und führt zu einem angenehm positiven Grundgefühl.

HILFE DURCH DAS INTERNET

Das Internet ist eine hervorragende Möglichkeit, die Schüchternheit zu überwinden, weil du hier den Kontakt zu anderen aufnehmen kannst und dabei erst einmal ganz anonym bleibst. Du schnupperst langsam hinein, lernst andere kennen, und entsteht Vertrauen zu jemandem, kannst du den Kontakt in deinem Tempo vertiefen. Natürlich ist es sinnvoll, bei neuen Kontakten vorsichtig zu sein, aber du kannst dich langsam herantasten.

Sei auch im Internet immer ehrlich und lass dich nicht beirren, wenn die ersten Kontaktanbahnungen nicht gleich erfolgreich sind. Es gibt die unterschiedlichsten Foren zu allen möglichen Themen. Überall kannst du passende »Gesprächspartner« finden. Außerdem sind die Social Networks wie Facebook, Xing und andere Plattformen zum Kennenlernen gut, ebenso wie entsprechende Angebote zum Online-Dating. Deine Schüchternheit kann hier nach und nach verschwinden, da es erst einmal viel unverbindlicher ist. Sind die ersten Bande geknüpft, gibt das neuen Schwung und genau die Selbstbestätigung, die für weitere Schritte motiviert.

Gleich und gleich wird zu Geselligkeit

Das Besondere am Internet ist auch, dass du hier auf viele Menschen treffen wirst, die mit den gleichen Problemen wie du zu kämpfen haben. Gerade in den sozialen Netzwerken wirst du viele andere Schüchterne treffen und es gibt Internetseiten, die sich ganz direkt mit dem Thema befassen und tolle Lösungsansätze bieten. In der von mir gegründeten und moderierten Facebook-Gruppe »Introvertiert glücklich« (siehe Seite 156) kannst du beispielsweise sehr gut üben, im virtuellen Raum auf fremde Menschen zuzugehen. Das Gefühl, nicht der einzige Schüchterne auf dieser Welt zu sein, ist wunderbar befreiend!

Hast du im Internet neue vertrauenswürdige Kontakte geknüpft, nimm die nächste Stufe und erweitere den Kontakt im realen Leben. Geh wieder mehr aus, triff dich mit Freunden, treib Sport. Gib dir an jedem Tag eine Chance auf einen neuen Kontakt.

SCHLAGFERTIGKEIT IST LERNBAR

Vielleicht kennst du die Situation aus eigener Erfahrung: Jemand verurteilt deine Arbeit mit einer verbalen Attacke. Du weißt, dass er unrecht hat, und möchtest kontern, doch dir fallen die passenden Worte nicht ein. Erst hinterher kommen dir gute Ideen und du ärgerst dich maßlos über dich selbst. »Wenn ich doch schlagfertig wäre!«

Es gibt Menschen, die schon aufgrund ihres Berufs schlagfertig sein müssen, zum Beispiel Politiker. Vielen ist diese Fähigkeit angeboren, sie reagieren immer mit einer guten Antwort. Vielen leisen Menschen ist das nicht gegeben. Doch sie können es sich selbst beibringen.

Du wirst mit den folgenden Tricks vielleicht nicht die Fähigkeiten eines Showmasters erwerben, aber für den täglichen Umgang in Beruf oder Familie wird es dir helfen, dich sicherer zu fühlen.

»Wenn du deine Pflicht tust, muss es dir **gleichgültig sein,** ob dich die Leute schmähen oder preisen.«

MARK AUREL

GIB DEINEM GESPRÄCHSPARTNER RECHT

Wenn dir jemand berechtigte Vorwürfe macht, dann gib ihm einfach recht. Das hört sich erst einmal ungewohnt an, aber es hat deutliche Vorteile. Normalerweise versuchen wir nämlich, uns zu erklären und zu rechtfertigen. Sich in Argument und Gegenargument zu verlieren bringt uns aber selten weiter. Viele Streitigkeiten lassen sich vermeiden, wenn man einfach sagt: »Stimmt, du hast recht.« Vor allem, wenn der andere wirklich recht hat. Wenn der Fall nicht so eindeutig ist, musst du abwägen, ob du nicht besser eine längere Auseinandersetzung vermeidest und dem Gesprächspartner dennoch zustimmst.

Diese Strategie kann von jedem sofort angewendet werden, da es nur darum geht, zu einem Fehler zu stehen oder die Möglichkeit einzuräumen, dass die Kritik berechtigt ist. Die Methode funktioniert natürlich nicht, wenn du ungerechtfertigt beschuldigt wirst. Darauf solltest du dann angemessen reagieren, indem du deutlich deine Grenzen aufzeigst. Du kannst beispielsweise sagen, dass du eine andere Meinung hast, und die Antwort verschieben: »Ich denke, dass die Sache so nicht stimmig ist, und würde gern in Ruhe in der kommenden Woche mit Ihnen darüber sprechen.« Bis dahin hast du dir dann eine effektive Strategie und gute Argumente für das Gespräch zurechtgelegt und bist daher gut gewappnet.

ÜBERTREIB DIE ANSCHULDIGUNG

Die nächste Strategie geht einen Schritt weiter. Nimm das Argument deines Gesprächspartners an und übertreib den Sachverhalt mit freundlichen Worten und einem Lächeln. Damit zeigst du Humor, Selbstironie und konterst geschickt. Bei der Übertreibung ist es wichtig, möglichst absurde Bilder zu verwenden.
Besonders schlagfertig wirkt diese Technik, wenn du den Sachverhalt indirekt ausdrückst. Wenn beispielsweise ein Kollege deinen Kleidungsstil kritisch kommentiert, könntest du sagen: »Oh, das ist schon eine große Weiterentwicklung, vor fünf Jahren sah ich noch ganz anders aus, da wäre ich vielleicht nichts mal ins Haus gekommen mit meinen Klamotten. Aber ich bin sehr entwicklungsfähig, wie man sieht.«

DIE KUNST DER EINDEUTIGEN AUSSAGE

Kennst du die Menschen, die weder Fisch noch Fleisch sind, die immer Aussagen treffen, mit denen sie niemand festnageln kann? Das macht einen schlechten Eindruck. Du wirkst sofort schlagfertig, wenn deine Aussagen klar sind und du zu ihnen stehst. Mit dieser Strategie gibt es für dich nur noch Ja oder Nein. Keinerlei Formulierung, die deine Absicht abschwächt, kein Konjunktiv, keine Verniedlichung.
Eine klare Aussage, mit ruhiger, keinesfalls aggressiver Stimme vorgebracht, wirkt sehr selbstbewusst. Das Neinsagen ist wirklich nicht leicht für viele introvertierte Menschen, doch mindestens genauso wichtig ist die Kunst des klaren Ja. Wenn du dich für oder gegen etwas entschieden hast, dann äußere es ohne Wenn und Aber.

DIE RÜCKFRAGETECHNIK

Du wirst auf irgendetwas angesprochen, was deinem Gegenüber missfällt. Ohne dich lange auf eine Diskussion darüber einzulassen, fragst du ehrlich interessiert zurück: »Wie meinst du das genau? Kannst du das präzisieren? Welche Alternative schwebt dir vor?« Eine der besten Rückfragen ist: »Kannst du mir helfen, das zu verändern?«

Die Rückfragetechnik eignet sich gut für Gespräche mit einem unzufriedenen Chef oder dem verärgerten Partner, da sie die Situation entschärft und den anderen mit ins Boot holt.

EINFACHES KONTERN

Diese Methode beginnt mit den Worten: »Wäre dir lieber, dass ich …« Du präsentierst damit deinem Gesprächspartner eine Alternative, die noch unangenehmer ist als das Problem, das er angesprochen hat. Nun muss er zwischen zwei Extremen wählen. Oft bleibt ihm dann keine andere Wahl, als den ersten Vorwurf zurückzunehmen. Das ist eine wirkungsvolle Strategie, auf die du dich gut vorbereiten kannst.

DIE UMKEHRTAKTIK

Sie ist weniger angenehm und sollte nur in Notfällen angewendet werden. Diese Taktik gehört zu den fortgeschrittenen Techniken und wirkt nur bei wirklich bösartigen oder völlig schrägen Angriffen.
Ein bekanntes Beispiel stammt angeblich von Winston Churchill.
Zu ihm soll einmal eine Dame gesagt haben: »Wenn Sie mein Mann wären, würde ich Ihnen Gift in den Drink schütten!« Darauf Churchill: »Wenn Sie meine Frau wären, würde ich es trinken!«
Das ist ein Paradebeispiel für eine Reaktion, die paradox ist, dem Angriff die Schärfe nimmt und den Gegner in eine unangenehme Position bringt. Außerdem macht sie das Selbstvertrauen des Angegriffenen überdeutlich. Die Umkehrtaktik ist besonders in Situationen hilfreich, in denen es einfach überhaupt keinen Sinn macht, auf den Vorwurf selbst einzugehen.

BEREITE DICH VOR

Es gibt bestimmte Begebenheiten, die immer wieder vorkommen: Diskussionsrunden, Mitarbeiter, die sich über die unaufgeräumte Teeküche beschweren, Chefs, denen eine Arbeitsweise nicht zusagt. Auf solche Situationen kannst du dich aktiv vorbereiten. Mach dir

schon im Vorfeld darüber Gedanken, welche Angriffe dir begegnen könnten, und denk über geeignete Strategien nach. Schaff dir ein großes Wissen an, vor allem auf deinem Fachgebiet. So fallen dir leicht Argumente ein, mit denen du Angriffe entkräften kannst.
Mach dich am besten mit all diesen Strategien ein wenig vertraut und teste sie aus. Sie helfen dir, dich im Umgang mit anderen sicherer zu fühlen. Mit der Zeit wirst du deine ganz persönliche Weise, geschickt auf Konfrontationen oder Kritik zu reagieren, entwickelt haben. Dann brauchst du keine Taktiken mehr. Du bist einfach du selbst.
Lernen ist übrigens nicht nur Training, sondern auch Beobachten. Jeden Tag begegnen dir Menschen, die in irgendeiner Situation auf beste Weise schlagfertig reagieren. Von ihnen kannst du lernen.

WIRKE NACH AUSSEN

Schlagfertigkeit hoch drei

Schlagfertigkeit kannst du regelrecht trainieren, und zwar am besten mit einem Gesprächspartner, der dir wohlgesonnen ist, zum Beispiel ein guter Freund oder der Lebenspartner. Du bittest den anderen, dir einen harten Vorwurf zu machen. Nun konterst du dreimal, jeweils auf eine andere Weise:

- Zuerst gehst du sachlich auf den Angriff ein.
- Dann antwortest du mit Humor und entschärfst den Angriff auf diese Weise.
- Schließlich konterst du mit einer verbalen Attacke, die nicht besonders fein ist. Nicht unbedingt die Technik für den Realfall, aber gut fürs Üben.

Wenn du diese Übung regelmäßig durchführst, wirst du dich bald selbst damit überraschen, dass du im Alltag gekonnt schlagfertig reagierst.

Liebe & Familie

Intros brauchen nicht viele Menschen um sich herum. Aber die, die sie sich wählen, sind ihnen sehr wichtig. Es sind wirkliche Vertraute.

INTROS IN DER LIEBE

Liebe, Partnerschaft, Zweisamkeit, das ist etwas sehr Wesentliches im Leben, egal, ob man intro- oder extrovertiert ist. Mit ihrer Sensibilität und ihrem guten Einfühlungsvermögen sind Intros oftmals sehr gut in der Lage, für Harmonie und Geborgenheit in ihrer Beziehung zu sorgen. Das Private ist ihnen einfach sehr wichtig, und so kann eine funktionierende Beziehung der Fels in der Brandung für sie sein. Wesentlich ist aber auch hier, dass sie für ihre Bedürfnisse zu sorgen lernen und dem Partner mitteilen, wenn sie irgendeine Aktivität nicht mitmachen und etwas Zeit für sich haben wollen.

Single oder Partner?

Während Menschen mit extrovertierter Persönlichkeit kein Problem damit haben, auf ihnen unbekannte Menschen zuzugehen und ihren Wunsch nach einer neuen Partnerschaft kundzutun, kann das für Introvertierte eine Herausforderung sein. Manchmal schieben sie ihre Sehnsucht nach Zweisamkeit auf, da sie sich auch allein sehr wohlfühlen können.

Früher oder später keimt jedoch bei den meisten der Wunsch nach einer Partnerschaft stärker auf. Bei der Suche nach dem idealen Partner ist für Introvertierte die wohl wichtigste Frage, ob eher ein Gleichgesinnter oder ein Extrovertierter infrage kommt. Natürlich müssen Chemie und Erscheinungsbild passen. Vor allem aber wird für Intros die Persönlichkeit, der innere Wesenskern maßgebend dafür sein, ob sich aus einem schönen gemeinsamen Moment eine längere Beziehung entwickeln kann.

INTRO TRIFFT EXTRO

Allseits bekannt und gern wiederholt wird der Spruch der Gegensätze, die sich anziehen. Ob diese alte Volksweisheit nun stimmt oder nicht, das lässt sich nicht pauschal sagen. Fest steht aber, dass besonders das Fremdartige an einem anderen Menschen unsere Aufmerksamkeit weckt und für Faszination sorgt. Die Gegensätzlichkeit sorgt für anfängliches Interesse – es ist, als würden wir eine Ergänzung zu uns selbst gefunden haben. Das fühlt sich wundervoll an!
Partnerschaften zwischen einem Intro und einem Extro bieten die Möglichkeit, dass jeder sich in seiner Persönlichkeit weiterentwickeln und neue Facetten an sich selbst entdecken kann. So erlebt der Ruhige an der Seite eines extrovertierten Partners neue Umgebungen und lernt Menschen kennen, die er allein nie getroffen hätte. Der Extrovertierte hingegen kommt etwas zur Ruhe und lernt, auch mal zu Hause einfach die Zweisamkeit zu genießen.

TOLERANZ UND VERSTÄNDNIS

Die Verschiedenartigkeit führt zu erfrischender Vielfalt für beide Seiten und natürlich sorgt sie auch für viel Diskussionsstoff. So hörst du als Introvertierter sehr gut zu, hast kein Problem damit, deine Meinung und deine Gedanken auch mal für dich zu behalten, während dein extrovertierter Partner sich sehr häufig gesellig mitteilen wird. Schwierig wird es, wenn ständig nach deiner Meinung gefragt wird, schon am Montag Entscheidungen für das nächste Wochenende festgelegt werden sollen oder dein Partner dich zu jeder Party mitnehmen will, wo du doch eigentlich dein neues Buch zu Ende lesen willst.
Rücksicht, Verständnis und Feingefühl sind wie in jeder Beziehung auch in dieser Form von Partnerschaft gefragt. Bewusst die Andersartigkeit des anderen zu akzeptieren und zu lieben ist der Schlüssel.
Es hat keinen Sinn, den Liebsten verändern zu wollen. Die angeborenen Eigenschaften in Richtung Intro- oder Extrovertiertheit kann niemand

aus Liebe zum Partner umwandeln. Sie sind Bestandteil unseres Wesens und müssen vom anderen respektiert werden, so wie wir seine Art annehmen. Wenn beide versuchen, den anderen zu verstehen und seine Wünsche mit Rücksicht wahrzunehmen, können sie miteinander sehr glücklich werden und viel Neues an sich selbst und der Welt entdecken.

GLEICH UND GLEICH

Wenn die Zweisamkeit von Extro und Intro doch so einiges an Arbeit von beiden Seiten fordert, stellt sich automatisch die Frage, ob es nicht besser wäre, eine Beziehung mit einem ähnlich introvertierten Menschen in Betracht zu ziehen. Schließlich sollte ein Introvertierter das Gemüt eines anderen Intros bestens verstehen. Dem kann ich aus meiner Erfahrung nur teilweise beipflichten. Es ist zunächst generell von Vorteil, sich einen Partner auszusuchen, der den eigenen wesentlichen Charakterzügen ähnelt. In verschiedenen Studien wurde festgestellt, dass ähnliche Partner auf lange Sicht glücklicher in ihrer Partnerschaft sind als Gegensatzpaare. Das ist erwiesen.
Die Vorteile einer Partnerschaft zweier Introvertierter sind offensichtlich: Beide können feinfühlig miteinander umgehen, verstehen sich, ohne stundenlang diskutieren zu müssen, und sind in der Regel ruhig und gelassen. Auch in Sachen Freizeit und Spaß kommen Introvertierte schnell auf einen Nenner. Tiefgründige Gespräche bewirken und stärken die Verbundenheit zueinander und oft haben beide nicht den Wunsch nach belanglosem Small Talk in geselliger Runde.
Ein nicht ganz offensichtlicher und doch gegebener Nachteil in dieser Form der Beziehung besteht darin, dass der Partner zum Mittelpunkt des Lebens gemacht wird und somit wichtige äußere Impulse verpasst werden könnten. Die Fixierung aufeinander sorgt einerseits für das Gefühl von Sicherheit und Geborgenheit. Leicht können aber auch Langeweile und Gewohnheit entstehen. Sie entwickeln sich schleichend und manchmal erst über Jahre.

Vertraut – und doch ein anderer

Ständig alles und jedes mit dem Partner zu teilen – und nur mit ihm – kann mit der Zeit sehr einengend wirken. Wer nicht auch offen für neue Umgebungen und Situationen, für andere Menschen und Fremdes ist, kann leicht in eine Sackgasse geraten. Zwei Introvertierte müssen in dieser Hinsicht achtsam sein, um eine lebendige Beziehung leben zu können. Zu viel Zweisamkeit bringt wie auch zu wenig Zweisamkeit aus der Balance.

Die Harmonie zwischen Vertrautheit und Nähe einerseits und Andersartigkeit sowie Vielfalt andererseits ist in einer Beziehung zweier Introvertierter die notwendige Basis. Deshalb solltet ihr immer wieder für beides sorgen: Für qualitativ zufriedenstellende Zweisamkeit und ein schönes gemeinsames Heim – beides wird euch sicher nicht schwerfallen. Zugleich aber auch für Offenheit im Hinblick auf Aktivitäten draußen und unter Leuten. Und, sehr wichtig: Weder zu Hause noch in der Welt müsst ihr alles miteinander teilen. Unbedingt sollte auch jeder für sich Dinge erleben – umso interessanter und belebender wird dann das neuerliche Zusammentreffen.

DATING FÜR INTROVERTIERTE

Eine gewisse Zurückhaltung macht einen Menschen eher sympathisch. Viele scheuen den Umgang mit Draufgängern, mach dir also keine Sorgen wegen deiner leisen Art. Mit dem Flirten verhält es sich wie mit dem Sport: Wer eine neue Sportart beginnt, steigt nicht gleich in der Königsklasse ein. Bevor du dich also an ein Date mit deiner Traumfrau oder deinem Traummann wagst, könntest du die Kontaktaufnahme mit Fremden in Alltagssituationen üben. Bitte jemanden im Supermarkt, dir Geld für den Einkaufswagen zu wechseln. Oder such Entscheidungshilfe bei der Auswahl eines Produktes. Positive Reaktionen auf dein Lächeln und direkten Augenkontakt werden dein Selbstbewusstsein auch in Bezug aufs Daten stärken. Es ist wirklich so einfach.

HARMONIE UND STREITKULTUR

Eine aufrichtige und konstruktive Kommunikation ist in allen Lebensbereichen elementar wichtig. Solange beide Gesprächsparteien einer Meinung sind, ist dies kein Problem, auch nicht für Introvertierte. Doch Diskussionen und das Leben selbst wären nicht so interessant, wenn wir ständig dieselben Ansichten hätten. Das übergroße Harmoniebedürfnis steht Intros allerdings oftmals im Weg, es locker zu nehmen, wenn andere Meinungen vorhanden sind.

»DAS SEHE ICH ANDERS!«

Unterschiedliche Meinungen sind ganz entscheidend, denn sowohl in einer Beziehung oder bei Freundschaften als auch im Berufsleben entstehen genau dadurch die besten Ideen. Natürlich müssen einige Regeln beachtet werden, damit Diskussionen nicht in einen hitzigen Streit ausarten. Es hat beides negative Auswirkungen: wenn ein Streit eskaliert und wenn das Harmoniebedürfnis zu stark ausgeprägt ist. Gehst du Streit und Diskussionen ständig aus dem Weg, wirst du als Mensch letztlich zu kurz kommen. Im Beruf führt es dazu, dass du geringere Aufstiegschancen hast, und in einer Beziehung wird es sehr schnell langweilig. Außerdem kann es leicht passieren, dass du deine Bedürfnisse vernachlässigst, sobald du einem anderen gegenüber für sie einstehen müsstest. Das tut dir natürlich nicht gut.

STREIT IN DER PARTNERSCHAFT

Ein Streit entsteht nie ohne Grund. Typische Konfliktsituationen in Partnerschaften entwickeln sich allerdings oftmals ohne sichtbaren Grund, scheinbar aus einer Laune heraus. Stress kann dahinterstehen.

Deshalb streiten sich Mann und Frau so oft darüber, wer welche Aufgaben zu erledigen hat. Oder es schwelt seit Längerem ein Konflikt, der nicht angemessen ausgesprochen werden konnte – bis er ungebremst hervorbricht. Wäre der Druck im Kessel nicht so hoch, könnten die Konflikte ohne großen Krach gelöst werden.
Bei einer Diskussion haben wir häufig das Gefühl, dass es einen Gewinner und einen Verlierer geben muss. Irgendwann merken wir, dass wir auf die Verliererstraße geraten. Also reagieren wir mit Verteidigung oder Angriff, wobei es längst nicht mehr um die Argumente und das Thema an sich geht. Der Streit eskaliert zu einem emotionalen Geschrei. Spätestens dann ist die Streitkultur gescheitert. Eine Lösung ist jetzt eine Verabredung zu einem Klärungsgespräch mit klaren Regeln. Lasst bis dahin etwas Zeit vergehen, damit sich die Wogen glätten. Dann trefft euch am besten an einem neutralen Ort, denn dort ist die Wahrscheinlichkeit einer Eskalation geringer. Oder bittet einen guten Freund, als Mediator dabei zu sein. Wichtig ist, dass ihr euch über Ziel und Inhalt des Gesprächs beide im Klaren seid und euch über die Regeln verständigt: ausreden lassen, sachlich bleiben und so weiter.

WIRKE NACH AUSSEN

Sagt es euch schriftlich

Wenn mündliche Gespräche schwierig geworden sind, schreibt euch Briefe. Das kann eine gereizte Stimmung entspannen und schafft die Möglichkeit, sich ehrlich und frei zu äußern. Schreib dem Partner in Ruhe und mit größter Offenheit, was dich stört oder belastet. So kommt ein konstruktiver Austausch in Gang und bald lässt sich auch wieder reden.

MANN UND FRAU STREITEN ANDERS

Die Unterschiede zwischen Mann und Frau werden selten so deutlich wie beim Streiten. Frauen gehen dabei nämlich gern in die Offensive und werden schnell emotional. Männer hingegen schlucken Probleme oft herunter und reagieren sich mit Sport oder Videospielen ab. Frauen hingegen brauchen zum momentanen Beruhigen eher ein Gespräch mit der besten Freundin. Konflikte können allerdings nur durch Kommunikation gelöst werden – und dabei ist nicht die Kommunikation zwischen Mann und Fußball oder zwischen Frau und Freundin gemeint, sondern ein offenes Gespräch zwischen Mann und Frau. Ist ein Problem einmal ausgesprochen, wird es interessant: Viele Psychologen meinen, dass Männer häufiger ein bekanntes Problem lösen wollen, während die Frauen irgendwann den Konflikt scheuen und doch lieber die Harmonie in der Beziehung suchen. Ein Zusammenraufen ist zwar sinnvoll, doch auch zu viel Harmonie kann einer Beziehung schaden.

ZU VIEL HARMONIE = LANGEWEILE

Wir suchen uns natürlich einen Partner, der uns in gewisser Weise ähnlich ist. Dennoch lieben wir an ihm auch die vielen Dinge, die ihn von uns unterscheiden. Manche seiner Eigenheiten regen uns aber auch auf. Und das ist gut so. Denn die Erfahrung zeigt, dass zu harmonische Beziehungen genauso wenig funktionieren wie Beziehungen, in denen ständig nur gestritten wird. Harmonie ist zwar etwas Positives, aber nur, solange sie ehrlich und wahrhaftig ist und nichts unter den Teppich gekehrt wird. Sind sich zwei Menschen immer einig, dann kann irgendetwas nicht stimmen. Menschen sind unterschiedlich, und gerade wenn sie sich lieben, sollten sie ehrlich zueinander sein und ihre Meinung äußern. Das Streiten und das Finden von Kompromissen gehören zu einer Beziehung dazu. Würden wir einen Partner wollen, der einfach nur tut, was wir sagen, würde uns auch ein Hund reichen!

WIRKE NACH AUSSEN

Tipps zum guten Streiten

Gut, fair und hilfreich streiten lernst du mit den folgenden Regeln:

- Red nicht um den heißen Brei herum, sprich aus, worum es dir geht. Bring das Problem direkt und so schnell wie möglich auf den Punkt.
- Bleib immer sachlich. Die Dinge, die dich stören, solltest du so knapp wie möglich zusammenfassen und dabei nicht zu anderen Themen abdriften, denn diese sind bei der aktuellen Diskussion fehl am Platz. Außerdem könntest du damit dein Gegenüber überfordern oder verwirren.
- Die Wortwahl zählt. Beginn Sätze nicht mit der Formulierung »Du hast ...« oder »Du bist ...«, sondern eher mit »Ich fühle mich ...« oder »Ich empfinde ...«. Vermeide Anschuldigungen wie »Immer bist du ...« oder »Nie hast du ...«.
- Sprich alles aus, was dich bedrückt, und schluck es nicht einfach herunter. Am besten funktioniert eine Streitdiskussion dann, wenn du deine eigenen Gefühle beschreibst. Bleib bei dir und dem, was dich bewegt.
- Ein Streit kann nur positive Auswirkungen haben, wenn miteinander kommuniziert wird und es sich dabei nicht um einen Monolog voller Anschuldigungen handelt. Lass deinem Gegenüber daher Zeit, auf deine Worte zu reagieren, denn dein Gesprächspartner hat natürlich auch ein Recht darauf, seinen Standpunkt klarzumachen und seine Meinung zu äußern.
- Sei bereit für einen Kompromiss, denn das ist die Grundvoraussetzung dafür, dass eine Diskussion ein positives Ende nimmt. Ein Streit macht nur Sinn, wenn er lösungsorientiert und konstruktiv ist.
- Hab ein versöhnliches Ende vor Augen und nicht deinen Sieg. Ein Streit kann nur von beiden gewonnen werden, nie von einem allein. Ignorier also deinen Partner nicht, sondern versuch, dich in ihn hineinzudenken.

INTROVERTIERTE KINDER

Das klassische introvertierte Kind mit allen typischen Merkmalen gibt es natürlich nicht. Wenn du bei Kindern beobachtest, dass sie häufiger zurückhaltend reagieren und selten als Wortführer auftreten, ist aber die Tendenz zur Introvertiertheit erkennbar. Doch ruhiges Verhalten allein ist kein sicheres Merkmal. Bedeutsam ist vor allem, welche Gedanken sich im Kopf des Kindes abspielen und wie intensiv es reflektiert. Bei manchen Kindern können sich selbst bei kleinsten Beobachtungen unendliche innere Welten der Fantasie auftun. Andere betrachten ihre Umgebung nüchterner. Je weniger du von den Vorgängen im Inneren deines Kindes erfährst, desto stärker introvertiert dürfte sein Charakter sein. Introvertierte Kinder wollen die Dinge in größerer Tiefe verstehen. Dafür brauchen sie Zeit und die nehmen sie sich oft, indem sie sich in ihre eigene Welt zurückziehen.

SCHAU NACH INNEN
Erinner dich

Denk als leiser Mensch an dein eigenes Aufwachsen zurück. Sicher gab es da Situationen, die prägend waren, ohne dass es jemand im Umfeld mitbekommen hätte. Du konntest oder wolltest nicht darüber sprechen, aber in dir ist sehr viel passiert. Ganz ähnlich könnte es bei deinem Kind heute sein.

DIE ERFAHRUNGSWELT DER KINDER

Es ist eine unendliche Fülle an Neuem, die ein Kind täglich in sich aufnimmt. Alles, was in unserer Welt besteht, was es an Regeln, an Dingen und Erfahrungen gibt, ist für das Kind neu. Woche um Woche lernt es, mit all dem umzugehen. Welche Erlebnisse und Ereignisse es wie aufnimmt, entscheidet eine Mischung aus Grundcharakter und Lebensphase. Es gibt kein allgemeingültiges Maß dafür, wie dieser Prozess des Lernens, des Sicheinfindens im Leben ablaufen soll.

VERSTÄNDNIS IN DER FAMILIE

Im familiären Verbund stechen meistens lebhafte und ab und zu lärmende Kinder hervor. Sie übertönen zurückhaltendere Charaktere schnell und ihre Extrovertiertheit wird oft als ausgeprägtes Selbstwertgefühl interpretiert. Das trifft aber zum einen nicht immer zu und zum anderen können die besonnenen Kinder ohne Weiteres starke Persönlichkeiten sein. Als Eltern haben wir die Aufgabe, ausgleichend zu wirken. Wir setzen die Signale, die einem Kind zeigen, ob seine Seinsweise willkommen ist oder nicht. Faustregeln wie »Der Lauteste hat nicht automatisch recht« oder »Wer anders ist als die meisten Menschen, ist weder schlechter noch besser« tragen dazu bei, dass sich alle respektiert fühlen können. Jedem Kind muss sein Platz in der Welt garantiert werden. Nur so kann es sich entfalten.

SIGNALE EINES KINDES VERSTEHEN

Kinder senden andere Signale als Erwachsene. Zwar können Kinder frühzeitig das Verbergen ihnen wichtiger Dinge lernen, dennoch ist ihre nonverbale Körpersprache klarer zu deuten als die eines Jugendlichen oder Erwachsenen. Bei einer konkreten Vermutung, dass irgendetwas Negatives vorgefallen sein muss, solltest du dem Kind durch deine Wortwahl und deine eigene Körpersprache signalisieren, dass es dir vertrauen kann und du ihm helfen willst. Wer gezielt nachfragt, bekommt nämlich häufig nur ein Schweigen oder eine Ausrede als Antwort. Schließlich möchte ein introvertiertes Kind oft einfach nicht so gern mitteilen, was los ist. Dieses Schweigen passiert besonders häufig bei Kindern von geschiedenen oder getrennt lebenden Eltern. Das Kind reist am Wochenende zu Papa oder Mama und kommt »anders« als erwartet zurück. Es muss dafür nicht immer ein negatives Geschehen verantwortlich sein. Aber natürlich will man gern wissen, ob alles in Ordnung ist.

FREIRAUM UND BEDINGUNGSLOSE LIEBE

Zunächst ist es wichtig, seinem Kind Freiraum zu gewähren und es mit einem Lächeln und einem weiten Herzen zu empfangen. Es ist der erste Blick beim Wiedersehen zwischen dir und deinem Kind, der zählt. Wenn hier keine positiven Signale gesendet werden, wird das weitere Gespräch über Ereignisse, die dein Kind mitbringt, vielleicht nie stattfinden, weil es sich nicht gut aufgehoben fühlt. Signalisier ihm durch eine Umarmung oder mit einem Kuss, dass dich das Wiedersehen freut. Möchte dein Kind allein sein, dann lass es und begib dich in einen Raum, wo ihr auch sonst häufig vertraut miteinander kommuniziert. Sag ihm vielleicht auch, dass du dort bist, wenn es sprechen möchte. Dann kann es jederzeit zu dir kommen.

»Die Fähigkeit, glücklich zu leben,
kommt aus einer Kraft,
die der Seele innewohnt.«

MARK AUREL

WIRKE NACH AUSSEN

Wechsle die Perspektive

Vielleicht lebst du in einer gemischten Familie: Es gibt introvertierte und extrovertierte Typen unter den Eltern und den Kindern. Das kann zu Reibereien führen – es kann aber auch bereichernd sein. Versuch, die in deiner eigenen Persönlichkeit vorhandenen Anteile an Intro- und Extroversion zu entdecken. Dann wird es dir leichter fallen, eine vielleicht kritische Situation, in der Intros und Extros der Familie aneinandergeraten, aus beiden Blickwinkeln zu sehen. Dein Lebenspartner mit seinen eigenen Anlagen macht diese Reflexion noch umfassender. Tauscht euch aus und betrachtet immer möglichst viele Alternativen, die in der momentanen Situation eine Lösung darstellen könnten. Seid genau, denn gerade introvertierte Kinder lassen sich nicht mit Oberflächlichem und Einseitigem zufriedenstellen.

Gerade bei einem introvertierten Kind solltest du dich bemühen, seine Interessen und Vorlieben zu erkunden. Es wird vielleicht nicht offen darüber sprechen, sodass du schon Fingerspitzengefühl aufbringen musst, um zu wissen, was es braucht und womit du ihm eine Freude machen kannst. Interessen, Kummer und Freude lässt es nicht so deutlich offenbar werden. Aber zeigen wird es sie. Auf seine leise Weise.

Gib deinem Kind das Gefühl, dass es für sein Verhalten den gleichen Respekt erfährt wie jedes andere Familienmitglied. Wichtig ist, dass es wirklich der gleiche Respekt ist, nicht mehr und auch nicht weniger. Bereite möglichst jedem Kind seinen Lebenscocktail individuell so zu, wie es ihm schmeckt. Und vergiss nie, die vollfetteriesengroße Dekokirsche der bedingungslosen Liebe obendrauf zu setzen.

DAS LEBEN DA DRAUSSEN

Es ist keine Übertreibung, wenn wir unsere moderne Welt als extrovertiert bezeichnen. Als sogenannte Medien- und Kommunikationsgesellschaft legt sie Wert auf Schnelligkeit und werbewirksame Darstellung. Das kann für ein introvertiertes Kind überfordernd sein. Du aber bist der Puffer zwischen dieser Welt und deinem Kind. Es braucht das Gefühl, einen sicheren Hafen zu haben. Und den schaffst du mit Routinen, Strukturen und, ganz einfach, durch Zuhören. Das Wesentliche ist, dem Kind das Gefühl zu geben – immer und immer wieder –, dass es in Ordnung und dass es geliebt ist. Auch wenn die Welt Qualitäten zu bevorzugen scheint, die ihm selbst nicht liegen. Bist du selbst introvertiert, stellt es das größte Geschenk dar, wenn du ein selbstbewusstes Vorbild bist und freudig zu deinem Wesen stehst.

Vertrauensvoll da sein

Zum guten Umgang mit einem introvertierten Kind gehört immer das nonverbale Kommunizieren. Zeig deinem Kind deine Liebe durch deine volle Aufmerksamkeit, wenn es mit dir sprechen möchte. Akzeptier aber auch geduldig, wenn es möglicherweise noch nicht so weit ist. Bring ihm eine Tasse seines Lieblingsgetränks auf sein Zimmer und signalisier Gesprächsbereitschaft, ohne zwingend ein Gespräch zu erwarten. Gib ihm »Landebahnen« – wie eine Ruhezeit nach der Heimkehr aus Kindergarten oder Schule. Teil ihm so früh wie möglich mit, wann feste Termine anfallen, sei es das gemeinsame Essen, der Aufbruch zur Sport- oder Musikstunde oder auch nur, wie lange du noch für es ansprechbar bist, bevor du gehen musst. Gib ihm in allem ein wenig Entscheidungsspielraum. So schaffst du eine Vertrauensbasis: Es kann sich dir offenbaren, wenn es ihm wichtig ist.

»Wenn du ärgerlich und wütend bist,
erinnere dich,
dass das Leben nur einen Augenblick währt.«

MARK AUREL

PROBLEME IN DER SCHULE

Schlechte Zensuren kommen auch bei den begabtesten Kindern vor. Kein Grund, deswegen die Stirn zu runzeln oder die Augen zu verdrehen. Solche Signale verunsichern ein Kind nur noch mehr und künftig wird es schlechte Zensuren lieber verschweigen wollen.
Wenn du möchtest, dass dein Kind sich ungezwungen äußert, biete ihm Lösungen an, denn Probleme hat es mit der verpatzten Klassenarbeit genug. Sag ihm in einer entspannten Atmosphäre, dass ihr einen gemeinsamen Weg findet. Leg eine Hand des Kindes in deine Hände oder, wenn es das nicht möchte, behalt das Angebot der Berührung bei, indem du deine Hand offen mit dem Handrücken auf den Tisch legst. Mit dieser Geste sagst du: »Mir kannst du vertrauen. Ich bin da und ich gebe dir Halt. Gemeinsam sind wir stark.«
Nimmt dein Kind das Angebot nicht an, achte auf seine Körperhaltung, denn vielleicht sagt sie ja aus, dass es sich der Sache, auch dank eures Gesprächs, allein gewachsen fühlt. Entspannen sich die Gesichtszüge im Verlauf des Gesprächs und wandelt sich eine verkrampfte Körperhaltung zu einer aufrechten Sitzhaltung, kannst du wissen: Dein Kind sieht sich in der Lage, den Rest des Weges allein zu beschreiten. Sagt es nur, dass jetzt alles gut werden wird, aber seine Körperhaltung spricht eine andere Sprache, dann glaub seinem Körper. Lass deinem Kind etwas Zeit und biete deine Hilfe erneut an, bis es sie annehmen kann.

VORSICHT VOR KRAFTRÄUBERN

Es ist ganz und gar nicht egal, mit wem wir uns im Leben umgeben. Die meisten Introvertierten wissen das sehr genau – und sie bleiben auch gern mal allein, statt die »falsche Gesellschaft« zu erwischen. Doch auch unter ihnen gibt es natürlich welche, die anderen guttun, und jene, bei denen das nicht immer so funktioniert. So gibt es Menschen, die sich als Introvertierte so richtig und rundum wohlfühlen und sehr zufrieden mit diesem Persönlichkeitsmerkmal sind. Und es gibt jene, die unglücklich damit sind und gern anders wären. Meist entsteht diese Unzufriedenheit durch Vergleiche mit anderen. Wer aber im eigenen Umfeld Menschen hat, die zufrieden angenommen haben, wie sie sind, hat in ihnen wahre Energiespender. Wie ist es bei dir? Wie sieht es in deinem Leben aus mit den Energiespendern und den Energieräubern?

MIT WEM UMGIBST DU DICH?

Umgeben uns hauptsächlich pessimistisch gestimmte Menschen, werden wir selbst auch immer negativer und es wird zunehmend schwierig, positiv zu denken. Wenn wir uns hingegen in einem sehr positiv gestimmten Umfeld aufhalten, können wir fast nicht anders und denken ebenfalls aufmunternd. Wenn du also für ein positives Umfeld sorgst, das dir Motivation und Energie schenkt, dann wirst du in deinem Leben auch Erfolg und Glück erleben.

Überdenk einmal dein eigenes Leben: Wie reagiert dein näheres Umfeld beispielsweise auf deine Ziele? Stell dir vor, du hast eine Idee für deine Selbstständigkeit und stellst sie deiner Familie und engsten Freunden vor. Nun wird es vermutlich unterschiedliche Reaktionen geben. Die einen werden dir davon abraten, die anderen werden dir

Mut zusprechen. Während dir das Abraten von deiner Idee Mut nimmt, dich Energie kostet und deine Motivation eindämmt, stärken die Befürworter deine Idee, indem sie dir im wahrsten Sinne des Wortes Energie spenden. Bei diesem Beispiel wird deutlich, welche Auswirkungen dein Umfeld und vor allem die Reaktionen deiner Mitmenschen auf dich und dein Leben haben können.
Auch bei vielen Kleinigkeiten im Alltag können dir die anderen das Leben entweder erleichtern oder erschweren. Stell dir vor, dass du abends nach der Arbeit noch zum Sport möchtest, während dein Mitbewohner eher ein Sportmuffel ist und sich gemütlich auf die Couch legt. Ohne ein einziges Wort zu verlieren, vermittelt er dir nicht Motivation, sondern nimmt dir unbewusst eher noch den Schwung. Umgibst du dich hauptsächlich mit Menschen, die völlig unsportlich sind, dann sind Gefahr und Wahrscheinlichkeit sehr groß, dass du selbst auch immer weniger Sport treiben wirst. Befindest du dich hingegen in einem Umfeld, wo täglich Sport getrieben wird und wo es viel um körperliche Fitness geht, dann wirst du selbst automatisch dazu animiert, ebenfalls körperlich aktiver zu sein.

Das Plus ist wichtig

Teilen wir die Menschen um uns her in Energiespender und Energievampire auf, können wir schnell erkennen, in welcher Art Umfeld wir leben. Überwiegen die Energievampire, werden wir größte Probleme haben, unsere Ziele zu erreichen. Vielleicht bleiben diese sogar von vornherein etwas kleiner, weil unsere Mitmenschen uns signalisieren, dass sich nichts Großes schaffen lässt. Deshalb ist es wichtig, dass wir uns unser Umfeld so gestalten, dass es zum großen Teil aus Energiespendern besteht. Und natürlich sollten wir selbst für die anderen ebenfalls ein aufmunterndes Kraft-Plus sein.

ENERGIEVAMPIRE SIND NICHT IMMER SCHLECHT

Wenn du in deinem Umfeld Energievampire entlarvt hast, dann ist dies kein Grund, den Kontakt zu diesen Menschen abzubrechen. Du solltest dir nur Gedanken darüber machen, ob diese Personen dich in deiner Entwicklung aufhalten. Umgibst du dich überwiegend mit Menschen, die dich nur bremsen, dann wirst du dich natürlich nur schwer weiterentwickeln können. Auch Energievampire sind hilfreich, da sie dir in entscheidenden Situationen als Gegenpol dienen und dir entweder die Augen öffnen oder aber unbewusst bestätigen können, dass deine Entscheidung die richtige Wahl ist.

Zweifellos helfen dir auch die schwierigeren Freunde und Bekannten dabei, dich selbstbewusst um deine persönlichen Belange zu kümmern und dich von anderen nicht bremsen zu lassen. Hast du mit Energievampiren zu tun, solltest du deine Antworten auf die folgenden Fragen finden: Wie viel Raum gibst du solchen Menschen in deinem Leben? Wann ist die Grenze des Zumutbaren für dich erreicht? Was willst du unternehmen, wenn diese Grenze überschritten wird? Wie wirst du dich gegebenenfalls von ihnen distanzieren?

DU BIST, WEN DU TRIFFST

Man sagt, dass man selbst der Durchschnitt der fünf Menschen ist, mit denen man die meiste Zeit verbringt. Stimmt das bei dir? Wenn ja, dann wärst du in verschiedenen Bereichen so, wie es diese fünf Personen im Querschnitt sind. Das heißt, dass du ungefähr genauso sportlich fit bist, so viel arbeitest, so viel Geld verdienst und so sprichst wie diese fünf Menschen im Durchschnitt. Trifft dies zu?

Ich finde, dies ist eine sehr positive Erkenntnis, auch wenn du zunächst vielleicht erschrocken bist, wenn du es für dich selbst überprüfst. Aber es bedeutet auch, dass du viel für deine Lebensziele tun kannst: ganz einfach, indem du mit Menschen Zeit verbringst, die das verkörpern, was du selbst vermehrt leben willst.

WIRKE NACH AUSSEN

Neue Bande knüpfen

Wenn du bestimmte berufliche Ziele hast, begib dich in Gruppen (online oder offline) von Menschen, die die gleichen Ziele wie du oder sie bereits erreicht haben. Wenn du bestimmte Themen lernen oder vertiefen willst, besuch Seminare oder Fortbildungen dazu. Wenn du neu an einem Ort bist, vernetz dich mit anderen Zugezogenen oder frag Einheimische nach ihren Tipps zum Einkauf, über Parkmöglichkeiten, örtliche Vereine oder anderes. Auch hierfür gibt es oft im Internet Interessengruppen. Besuch Kurse oder Vorträge in den lokalen Volkshochschulen oder anderen Bildungswerken. Lies die regionale Tageszeitung, um zu erfahren, wo es Veranstaltungen gibt, die dich interessieren. Bei all diesen Gelegenheiten werden sich immer passende Gesprächsthemen finden – und schon können Freundschaften entstehen.

NEUE FREUNDE FINDEN

Das ist für Introvertierte nicht gerade einfach, doch wenn wir in uns überlegen, wo unsere Interessen liegen, dann kommen wir sehr schnell auf passende Sehnsüchte. Wollen wir beispielsweise beruflich erfolgreicher werden und dabei bestimmte Defizite ausgleichen, dann sollten wir uns häufiger mit Menschen umgeben, die genau in diesen Bereichen besser sind als wir. Bewundern wir in unserem privaten Umfeld eine Person, weil sie so menschlich und fair ist, dann sollten wir mehr Zeit mit ihr verbringen. Automatisch werden wir selbst diese Eigenschaften annehmen. Ein prima Weg zur persönlichen Weiterentwicklung. Es gibt Untersuchungen, die besagen, dass Menschen, die sich mit reichen Leuten umgeben, eine größere Chance haben, selbst einmal reich zu werden. Dasselbe trifft auf Charakterzüge und Eigenheiten zu.

Herausforderung Beruf

Die Welt ist laut, vor allem die Berufswelt.
Doch gerade die leisen Menschen werden dort gebraucht.
Mit all ihren wertvollen Qualitäten.
Und das erkennen immer mehr Unternehmen.

AUF LEISE WEISE ZUM PASSENDEN JOB

Die meisten Introvertierten arbeiten gern still für sich. Während ihre extrovertierten Kollegen im Meeting munter drauflosreden oder den Kunden gekonnt um den Finger wickeln, halten sich Intros eher zurück. Das allerdings kann dazu führen, dass der Chef ihre Leistungen übersieht. Und auch sie selbst schätzen sich oft zu bescheiden ein.
Fakt ist, dass nicht jeder Beruf und nicht jede Arbeitsumgebung zu einem Introvertierten passen. Daher ist es wichtig, sich den richtigen Beruf zu wählen und dort dann für das geeignete Umfeld zu sorgen, soweit es irgendwie möglich ist. Denn wenn alles passt, kann umso mehr – und umso freudiger – geleistet werden.

AUSREICHEND FREIRAUM

Zu den Stärken von introvertierten Mitarbeitern gehört oft eine große Kreativität, allerdings nur, wenn ihnen genügend Raum zur freien Entfaltung zur Verfügung steht. Viele Introvertierte können nicht auf Kommando kreativ sein oder auf Abruf eine geniale Präsentation abliefern. Sie laufen meist zur Höchstform auf, wenn sie für Projekte genug Zeit bekommen und sich in Ruhe auf die Aufgabe konzentrieren können. Dann weisen sie meist auch tolle Ergebnisse vor.
Die ideale Arbeitsatmosphäre für dich als introvertierten Menschen ist eindeutig ein Einzelbüro, wo du konzentriert und in Ruhe arbeiten kannst. In einem Großraumbüro würdest du dich nicht wohlfühlen, ständige Teamarbeit würde dich zu sehr ausbremsen. Permanente Reize von außen stressen dich und du könntest kaum einen klaren Gedanken fassen oder gute Ideen entwickeln. Nimm deine Wesensart auch hier ernst. Deine Arbeit wird davon ebenso profitieren wie du selbst.

Schaff dir gute Bedingungen

Solltest du nicht in den Genuss eines Einzelbüros kommen können, achte zumindest darauf, dass es für dich Rückzugsmöglichkeiten gibt, wo du für eine Weile ungestört arbeiten kannst. Verbring auch hin und wieder die Mittagspause allein, um vom Arbeitsalltag abschalten und deine Gedanken sortieren zu können. Sprich am besten mit deinem Vorgesetzten und pass die Arbeitsbedingungen so an deine Bedürfnisse an, dass sie für dich optimal sind. Im Gegenzug solltest du aber auch versuchen, hin und wieder deine Komfortzone zu verlassen und dich unangenehmen Situationen wie Diskussionen mit Chefs oder Verhandlungen mit Kunden zu stellen.

NETZWERKEN IST WICHTIG

Ob Betriebsausflug, Weihnachtsfeier, Fachmesse, Seminar oder Kongress – Kontakte zu knüpfen und zu pflegen, sich »blicken zu lassen« gehört zum Arbeitsalltag heute in sehr vielen Berufssparten dazu. Für extrovertierte und kommunikative Mitarbeiter ist das sicherlich kein Problem. Schließlich laufen die meisten von ihnen in solchen Situationen zur Höchstform auf. Leise Menschen jedoch bekommen schon beim Gedanken an solche Anlässe ein mulmiges Gefühl. Dennoch solltest du diese Veranstaltungen nicht grundsätzlich meiden. Ganz im Gegenteil: Nutz diese Gelegenheiten und misch dich hier und da unters Volk. Wenn du dabei ein paar einfache Regeln beachtest, musst du dich nicht einmal verbiegen:

- Konzentrier dich im Gewühl auf wenige Menschen.
- Gib dich freundlich und interessiert – das gibt dir die größte Chance, selbst etwas Spaß dabei zu haben.
- Gönn dir zwischendurch immer mal wieder ein paar Minuten Ruhe und begrenz die Zeit insgesamt. Du musst nicht bis zum Ende einer Veranstaltung bleiben, sondern kannst diese auch früher verlassen.

LEISES NETWORKING

Entgegen der vorherrschenden Meinung haben Introvertierte viele Eigenschaften, die fürs Netzwerken von Vorteil sind. Als ausgezeichnete Zuhörer und Beobachter sind sie gern gesehene Gesprächspartner. Sie sind konzentriert bei der Sache, geben dem anderen Aufmerksamkeit und verleihen Dialogen dadurch mehr Substanz und Tiefe. Außerdem sind sie mitfühlender und können sich gut in andere hineinversetzen. Introvertierte spüren auch eher, wann ihr Gegenüber keine Lust mehr auf das Gespräch hat, und ziehen Dialoge nicht unnötig in die Länge. All dies sind wundervolle Gaben, die du nutzen solltest.

IDEALE INTRO-JOBS

Das digitale Zeitalter eröffnet Introvertierten viele Möglichkeiten, einen Job auszuüben, bei dem sie nicht im Rampenlicht stehen müssen. Als Web-Entwickler oder SEO-Spezialist arbeitest du die meiste Zeit in Eigenregie vor dem Bildschirm. Nur selten musst du deine Arbeitsergebnisse vor Kunden präsentieren. Zuverlässigkeit, Selbstständigkeit und technologisches Know-how zeichnen diese Berufe aus. Facebook, Twitter, Instagram – als Social Media Manager für Unternehmen bist du mittendrin, ohne wirklich dabei sein zu müssen. Die Aufgaben kannst du in aller Ruhe von deinem Schreibtisch aus bewältigen, ohne großen Kontakt zu Auftraggebern, Kunden oder Zielgruppen zu haben. Auch Jobs im Online-Marketing sind für Introvertierte bestens geeignet. Die Hauptaufgaben bestehen darin, Webseiten, Produkte und Unternehmen zu vermarkten – übers Internet.

Der Beruf des Buchhalters ist wohl der Klassiker unter den Jobs für Introvertierte. Er mag vielleicht nicht besonders spannend klingen, es ist aber eine Tätigkeit, die du in einem ruhigen Arbeitsumfeld ohne viele Störquellen ausführen kannst. Wer mit Zahlen nicht so viel anfangen kann, dem liegen Worte wahrscheinlich mehr. Viele Introvertierte können gut schreiben, was einen Job als Redakteur interessant

macht. Als Autor oder Schriftsteller brauchst du eine ruhige und angenehme Umgebung, um deine Gedanken und Ideen zu sortieren. Viele bekannte Schriftsteller leben zurückgezogen und verfassen im Verborgenen Bestseller. Joanne K. Rowling, die Autorin der Harry-Potter-Romane, ist ein Beispiel dafür, dass guter Stoff aus der Stille geboren wird. Ähnliche Berufe, bei denen du nicht den großen Zampano spielen musst, sind Übersetzer oder Lektor.
Banken und Versicherungen sind immer auf der Suche nach qualifizierten (Wirtschafts-)Mathematikern – ein Beruf, der viel Wert auf logisches Denken, eine Affinität zu Zahlen und einen scharfen Verstand legt. Zahntechniker ist auch ein Beruf, der im Hintergrund ausgeübt wird. Du kommunizierst meist nur mit Zahnärzten oder Patienten, ansonsten arbeitest du im Labor. Für einen Job wie diesen sind Konzentration, Ruhe und Ausdauer gefragt. Als Nachhilfelehrer kannst du von zu Hause aus arbeiten. Den Lernstoff bereitest du in Ruhe vor und betreust meist nur einen bis maximal drei Schüler. Größere Präsentationen? Unnötig. Welche Berufe fallen dir noch ein?

Welche Ausbildung passt zu mir?

Für junge Intros ist die Wahl der richtigen Ausbildung für den weiteren beruflichen Lebensweg entscheidend. In Handwerksberufen wie Goldschmied, Konditor oder Geigenbauer fühlen sich Introvertierte besonders wohl. Als Optiker oder Akustiker hast du zwar Kundenkontakt, doch dabei darfst du gern ruhig und zurückhaltend bleiben … Stell dir einfach die Umgebung vor, in der du arbeiten wirst, und entscheide dann, ob du dich dort zurechtfinden würdest. Als Notar in einer Kanzlei hast du eher Ruhe als als Mitarbeiter in einem Callcenter. Und als Webdesigner hast du kaum Kundenkontakt, während du im Gastronomiebereich ständig von anderen Menschen umgeben bist.

TOP BEWERBUNGSGESPRÄCHE

Das Bewerbungsgespräch gilt als goldenes Tor zum neuen Traumjob. Genau genommen ist es ein Verkaufsgespräch. Denn während der Unterhaltung geht es nicht nur um fachliche Kompetenzen und Expertisen. Vielmehr steht die Präsentation der eigenen Persönlichkeit im Vordergrund. Du verkaufst also dich selbst, mit allem, was dich an Stärken und besonderen Fähigkeiten ausmacht.
Personalchefs nutzen Bewerbungsgespräche, um herauszufiltern, welcher der potenziellen Bewerber wirklich auf die ausgeschriebene Stelle passt. Nicht zuletzt erfolgt die Auswahl der neuen Fachkraft auf der Basis von persönlichen Eigenschaften und Charakterstärken – die werden heute sehr wichtig genommen. Damit solltest du punkten.

WIRKE NACH AUSSEN

Basics beim Gespräch

- Beginn mit allgemeinen Dingen über dich, verfang dich nicht in Einzelheiten.
- Es ist gut, stets Augenkontakt zu den anwesenden Interviewern zu halten. Auf diese Weise wirst du schnell erkennen, welche Details deiner bisherigen beruflichen Laufbahn die Firma besonders interessieren.
- Scheu dich nicht, eventuelle Unklarheiten direkt und ehrlich anzusprechen. Nichts ist schlimmer, als eine Frage, die du nicht ganz verstanden hast, unklar und auf Umwegen zu beantworten.
- Gleichzeitig ist es hilfreich, fragenden Gesichtern mit kleinen Gegenfragen zu begegnen: »Wünschen Sie an dieser Stelle eine nähere Ausführung zu den einzelnen Arbeitsergebnissen oder darf ich zum nächsten Punkt übergehen?«

Personalexperten haben in Studien herausgefunden, dass introvertierte Menschen während des Bewerbungsgespräches auf Standardfragen wie »Begründen Sie bitte kurz die Wahl Ihrer Studienfächer« oder »Wo sehen Sie sich persönlich in fünf Jahren?« exzellent eingehen und diese selbstsicher beantworten. Aus diesem Grund dienen diese Fragen als Türöffner, bevor es im Vorstellungsgespräch um fachliche Details und komplexe Zusammenhänge geht.

SPIEL KEINE ROLLEN

Wenn du meinst, dass Extrovertierte insgesamt besser ankommen, könntest du versucht sein, diese Rolle im Vorstellungsgespräch zu spielen. Doch welche Folgen könnte das haben? Entweder wirst du so nervös, dass du noch während des Gesprächs in dein zurückhaltendes Ich zurückfällst. Dies macht mit Sicherheit keinen guten Eindruck auf die Interviewer. Sie merken, dass du nicht authentisch warst. Eine Einstellung wird dann natürlich unwahrscheinlicher, denn schließlich werden glaubwürdige und kompetente Mitarbeiter gesucht. Es ist aber auch denkbar, dass du den Personalchef mit deinem »Schauspiel« begeisterst und er dich daraufhin prompt einstellt. Und nun wird es richtig schwierig. Denn du hast dich damit selbst verpflichtet, im beruflichen Alltag stets genau diese Rolle weiterzuspielen. Auf die Dauer kann das sehr anstrengend sein und ab einem bestimmten Punkt geht die Motivation und auch die Kraft zu diesem Spiel verloren. Lohnt es sich also, sich zu verstellen? Der beste Rat ist: Sei einfach du selbst und vertrau darauf, dass du viel zu bieten hast und dass dies am besten erkannt wird, wenn du dich so zeigst, wie du bist.

TABU: PERFEKTIONISMUS

Grundsätzlich erwarten die Personaler ein gewisses Maß an professioneller Kompetenz. Dennoch bedeutet dies nicht, dass Perfektionismus auf der ganzen Linie gefragt ist. Moderne Lebensläufe sind ein Patchwork unterschiedlichster Erfahrungen und innovativer Wege. Dessen

Intros haben die gleichen Chancen

Moderne Unternehmen betrachten extrovertierte und introvertierte Bewerber gleichrangig. Schließlich ist die Charaktereigenschaft introvertiert in vielen beruflichen Kontexten von Vorteil. Personalleiter bevorzugen zunehmend gemischte Teams, in denen jeder seine Qualitäten einbringt. Extrovertierte arbeiten dabei Hand in Hand mit Introvertierten. Diese Mischung bereichert nicht nur den Arbeitsalltag, sondern perfektioniert die gesamte Arbeit im Team. Für die Entwicklung innovativer Konzepte und Projektideen sind unterschiedlichste Menschen mit möglichst vielfältigen Eigenschaften einfach notwendig. Du kannst dir also sicher sein: Du wirst gebraucht, genau so, wie du bist.

sind sich die meisten Personalchefs und Abteilungsleiter heute bewusst. Aus diesem Grund interessiert sie viel mehr, wie du deinen Lebensweg meisterst und mithilfe welcher Strategien du immer wieder vorangekommen bist. Es geht also ganz und gar nicht darum, einen perfekten und standardmäßigen Lebenslauf zu präsentieren. Bei der Beantwortung einzelner Fragen zu deinem Lebenslauf kannst du dir daher Zeit nehmen – kompetente Mitarbeiter geben wohlüberlegte Antworten. Achte daher genau auf die Frage. Überleg dir eine Antwortmöglichkeit, atme noch einmal kurz durch und erklär deine Position.
Es kann gut möglich sein, dass deine persönlichen Vorkenntnisse oder Denkansätze nicht zur ausgeschriebenen Stelle passen. Damit ist die Absage quasi vorprogrammiert. Mach dir dann aber bewusst: Sie hat nichts mit deiner Kompetenz an sich zu tun. Genau genommen ist es vielleicht sogar gut so, denn eventuell hättest du dich in der neuen Arbeitsumgebung gar nicht wohlgefühlt. Betrachte es einfach als Übungseinheit. Nicht zuletzt bereichert dich jedes Vorstellungsgespräch mit neuen Erkenntnissen und du bekommst ein wenig Routine sowie ein Plus an Selbstsicherheit.

WIRKE NACH AUSSEN

Das erfolgreiche Gespräch

- Jedes Vorstellungsgespräch läuft nach einem ähnlichen Muster ab. Es ist empfehlenswert, eine solche Gesprächssituation im Rollenspiel mit einer vertrauten Person zu üben. Notier wichtige Routinefragen mit deinen Antworten. Dadurch verinnerlichst du Details und Zusammenhänge. Ebenso gut ist es, mögliche Fragen von dir an die Personalchefs aufzuschreiben. Auf diese Weise bereitest du dein Gespräch aus unterschiedlichen Perspektiven vor. Nimm deine Notizen auf jeden Fall mit. Es ist sehr wahrscheinlich, dass du sie nicht benötigen wirst. Dennoch verleihen sie dir Sicherheit.
- Wenn du bereits über Berufserfahrungen verfügst, ist es hilfreich, ältere Arbeitszeugnisse zu lesen. Filtere darin aufgeführte Kernkompetenzen heraus. Diese Formulierungen können während des Gesprächs hilfreich sein.
- Plan 15 bis 30 Minuten mehr Zeit für die Anfahrt ein. Solltest du zu früh eintreffen, empfiehlt sich ein kurzer Spaziergang in der Nähe des Unternehmens. Achte darauf, dass du fünf bis zehn Minuten eher erscheinst.
- Achte im Gespräch auf ein freundliches, offenes Auftreten. Verschränkte Arme sind ungünstig, halt besser einen Kugelschreiber fest oder leg die Hände auf den Tisch. Versuch Bewegungen, die Unruhe verraten, zu vermeiden. Eine aufrechte Sitzhaltung ermöglicht dir einen Überblick, schärft den Blick auf das Wesentliche und vermittelt einen kompetenten Eindruck.
- Verwende während des Gesprächs keine Floskeln und vermeide das Wort »introvertiert«. Besser sind Umschreibungen wie: »Ich arbeite sehr konzentriert, um fachlich fundierte Konzepte zu entwerfen.« Unternehmen wollen kompetente Kandidaten herausfiltern, die in ihrer späteren Position konkrete Probleme lösen. Innovation und Lösungsorientiertheit sind nötig. Es ist gut, wenn du in deine Fähigkeiten vertraust und sie wohlverpackt präsentierst.

INTROVERTIERTE ALS FÜHRUNGSKRAFT

Die Annahme, dass Extrovertierte besonders führungsstark sind, hat sich im Laufe der Zeit durchgesetzt. Einfach weil Extros viel schneller auf fremde Menschen zugehen können und ein impulsiveres Auftreten haben. Sie stehen gern im Mittelpunkt und drängen deshalb auch in der Arbeitswelt nach vorn. Doch das muss nicht automatisch positiv sein, genauso wie Introversion nicht negativ ist. Mittlerweile sehen auch immer mehr Arbeitgeber die Intros als gute Mitarbeiter und Führungskräfte an. Gerade die Stillen verfügen häufig über viel Wissen und können mit ihrer besonnenen Art besonders gut führen. Sie hören wirklich zu und denken Ideen erst zu Ende, bevor sie sie aussprechen. Meist besitzen Introvertierte ein stabiles Wertesystem und versuchen, die Ansprüche, die sie an ihre Mitmenschen stellen, auch selbst zu erfüllen. Studien zeigen, dass vor allem in Teams, in denen viel Eigeninitiative der Mitglieder gefragt ist, introvertierte Führungskräfte den Extrovertierten häufig überlegen sind. Sie sind nicht so stark auf sich bezogen und können eher über ihr Ego hinausgehen. Sie verfügen über eine ruhige Ausstrahlung und erwecken Vertrauen.

»Die Lebensaufgabe besteht nicht darin, auf der Seite der Mehrzahl zu stehen, sondern dem inneren Gesetz gemäß zu leben.«

MARK AUREL

WIRKE NACH AUSSEN

Gestalte deine Führungsrolle

Wenn du deine Stärken geschickt einsetzt, kannst du deine (neue) Rolle als Führungskraft passend gestalten und entwickeln.

- **Selbstvertrauen aufbauen:** Wenn du von deinen Stärken überzeugt bist, werden es deine Mitarbeiter auch sein. Führ eine Art Erfolgstagebuch, in das du jeden Abend die Dinge einträgst, die dir am Tag besonders gut gelungen sind. So nimmt dein Selbstvertrauen zu, was deine Mitarbeiter ebenfalls bemerken werden. Es wirkt sich positiv auf ihre Arbeit aus.
- **Volle Aufmerksamkeit:** Nutz gezielt deine Stärken Einfühlungsvermögen und Achtsamkeit. Damit erhältst du Zugang zu wichtigen Informationen und weißt, was deine Mitarbeiter motiviert und was ihnen wichtig ist. Wenn du ihnen offen zuhörst, wissen sie das zu schätzen und werden es dir danken. Sie fühlen sich wohler und leisten gern gute Arbeit.
- **Behalt das große Ganze im Auge:** Als gute Führungskraft behältst du nicht nur die Deadline deines aktuellen Projekts im Blick, sondern auch die Ziele des gesamten Unternehmens. Arbeite mit Prioritäten, plan und strukturier deinen Aufgabenbereich. Das erleichtert Entscheidungen.
- **Kommunikation ist das A und O:** Auch wenn du lieber schreibst als redest, musst du als Führungskraft die Kommunikation mit deinen Mitarbeitern pflegen. Achte auch darauf: Wie läuft das Teamwork? Was sollte beim nächsten Meeting besprochen werden? Welcher Projektleiter sollte was wissen? Bedenke, dass Informationen und Kommunikation ganz wichtig sind. Funkstille führt zu schlechter Stimmung und Informationen gehen verloren.
- **Sei konfliktfähig:** Konflikte lassen sich nicht vermeiden und sind auch für Extros nicht immer leicht zu meistern. Du solltest lernen, mit Konflikten aktiv umzugehen, und auch fähig sein, unangenehme Themen anzusprechen.

ERFOLG
OHNE KAMPF

Kaum ein Mensch ist heute in der Situation, für sein Überleben kämpfen zu müssen. Dennoch führen die meisten ihr Leben mehr oder weniger in Kampfhaltung und schon in der Schule lernen Kinder, ihre »Ellenbogen« einzusetzen. Menschen kämpfen um Anerkennung, um ihren Partner, um ihren Job und um ihre Stellung im Leben. Doch dieser ständige Kampf führt zu einer verspannten Eigenkontrolle. Jeder Satz zählt, jede Gefühlsregung könnte schaden und jede verpasste Chance scheint eine Niederlage. Diese permanente Beherrschtheit führt auf Dauer zu Stress. Der aber ist für introvertierte und hochsensible Menschen pures Gift. Die gute Nachricht: Du kannst die Perspektive wechseln und ohne Stress und Kampf erfolgreich sein.

DAS KÄMPFEN LASSEN – ABER WIE?

Kampf bedeutet immer Energieverlust. Müdigkeit, Niedergeschlagenheit und Traurigkeit können die Folge sein, weil du vor lauter Kämpfen dich selbst geschwächt und deine Ziele vielleicht doch nicht erreicht hast. Und die seelischen Probleme können rasch körperliche Auswirkungen haben: Deine Seele streikt und der Körper reagiert. Spätestens wenn du wegen einer Krankheit keine Kraft mehr hast, solltest du über den Sinn deiner Kämpfe nachdenken.

ACHTE AUF DEINE GEDANKEN

Ein Kampf lohnt sich eigentlich nur für einen echten leidenschaftlichen Wunsch. In den allermeisten Fällen führt es zum Erfolg, wenn du das annimmst, was gerade ist. Wenn du aufhörst, ständig dagegen anzukämpfen, wird alles viel leichter. Dann hast du auch mehr Kraft.

Lohnende Kämpfe

Bei etwas mehr Ruhe im Leben wird die Stimme des Herzens wieder lauter. Ist dann ein Wunsch, eine Vision so groß, dass sie zur Passion wird, dann ist eine große Anstrengung auch in Ordnung. Dann kann Kämpfen sogar Freude machen, denn du hast ein starkes Ziel.

Nimm Probleme, die zu sinnlosem Kämpfen geführt haben, also so an, wie sie sind. Betrachte sie aus anderen Perspektiven, und schon werden sie kleiner. Dieser gedankliche Schritt kann für dein weiteres Leben entscheidend sein. Du hast sicher schon gehört, dass Gedanken das Jetzt und die Zukunft beeinflussen. Ein positives Denken kann die Realität verändern und den Kampf überflüssig machen. Jeder Mensch kennt spezielle Kampfsituationen, denen er sich immer wieder stellen muss. Doch jedes Mal hast du die Chance, mit dem Kämpfen aufzuhören und auf dein Herz zu hören.

GLÜCK MACHT ERFOLGREICH

Je mehr Rücksicht du auf dich selbst nimmst, desto glücklicher und überzeugender wirkst du auf andere. Der Erfolg wird sich dann in vielen Situationen ganz ohne Kampf einstellen, denn glückliche Menschen wirken begehrenswert und anziehend. Je besser du dich selbst und deine Bedürfnisse kennenlernst, desto stärker wirst du. Nicht nur deine positive Ausstrahlung, sondern auch dein inneres Wachstum und deine neue Stärke helfen dir bei der Erfüllung deiner Wünsche.
Du hast die Wahl zwischen ständigem Kampf oder Loslassen. Das Glück stellt sich von allein ein, wenn du das Loslassen wählst. Darauf würde ich wetten, denn ich habe es selbst schon so oft erlebt – bei mir selbst und bei Klienten. Du musst dir nur ein wenig Zeit für dich selbst nehmen und zu dem Frieden zurückfinden, der in dir ist.

SCHAU NACH INNEN

Hast du genug vom Kämpfen?

Frag dich: Wo kannst du vom Kämpfen ablassen? Welche Schlachten lohnen sich nicht? Was könntest du tun, um dich entspannt und friedfertig zu fühlen? Welchen Gewinn könntest du aus dieser neuen inneren Haltung ziehen? Und wie würde sie sich auf deinen Erfolg auswirken?

LASS LOS!

Mitten in einem Kampf einfach loslassen, das ist ein rascher Ausweg aus dem ewig scheinenden Ringen. Viele Menschen haben dieses Erlebnis zum ersten Mal, wenn sie müde geworden sind von der Anstrengung. Sie können einfach nicht mehr so weitermachen – und lassen los. Mit Erleichterung stellen sie jetzt fest, dass der Kampf völlig unsinnig war. Was für eine Last da von ihnen abfällt! Die Seele kommt zur Ruhe, ihr folgt der Geist, der nicht mehr ständig denken muss, und der Körper wird wieder lockerer. Verspannungen verschwinden, die Körperhaltung wird gerade und natürlich. Sofort kommt eine Aufwärtsspirale in Gang. Denn ein aufrechter Gang überzeugt die Umwelt, eine entspannte Haltung zieht andere Menschen an und mit einem solchen Auftritt gewinnt man ganz ohne Kampf.

KONFLIKTE LÖSEN

Es gibt im Berufsleben trotz allem Konflikte, denen man nicht aus dem Weg gehen sollte. Oft ist es wirklich besser, einem Ärger Luft zu machen und ihn zu zeigen. Auch wenn dir das schwerfällt, solltest du es versuchen. Nur so ist es möglich, dass dein Gegenüber ein Fehlverhalten erkennt und damit eine Chance hat, sich zu entschuldigen und es zu korrigieren. Konflikte sind erst einmal nichts Negatives. Vielmehr sorgt die daraus entstehende Reibung für Weiterentwicklung. Zu bescheidene Menschen neigen dazu, sich nicht zu beschweren, wenn sie ungerecht behandelt werden. Doch so werden sie zu kurz kommen. Wer sich immer mit einem »Na ja, so schlimm war es ja nicht« beruhigt, kann sich selten das nehmen, was ihm zusteht. Der Unmut wächst.

ÄRGER RESPEKTVOLL ZEIGEN

Wenn du im Ton wertschätzend und moderat bleibst, werden sich auch deine Mitarbeiter und sogar Vorgesetzten bereitwilliger für deine Argumente öffnen. Dies ist eine große Chance. Das Wichtigste bei einer sich anbahnenden Kontroverse ist, überlegt hineinzugehen. Wenn du dir deiner Sache sicher bist und dir deine Argumente zurechtgelegt hast, dann hast du bei einer solchen Diskussion nichts zu verlieren. Es kommt immer darauf an, dass du vollkommen hinter deiner Meinung und deiner Argumentation stehst.

Ein offener Austausch von Meinungen und Ansichten wird in den meisten Unternehmen gern gesehen. Nur die wenigsten Führungskräfte wollen überhaupt kein Feedback bekommen. Es ist einfach gut, wenn Mitarbeiter offen und ehrlich ihre Meinung mitteilen, denn nur so kann eine Firma wachsen und gestärkt aus Krisen hervorgehen. Doch es ist elementar wichtig, dass gewisse Gesprächsregeln eingehalten werden. Ein respektvoller Umgang miteinander ist die Grundvoraussetzung. Häufig kommt es erst dann zu einem hitzigen Streit, wenn die Argumente keine Rolle mehr spielen, sondern es emotional wird. Oft betrifft dies extrovertierte Menschen. Diese haben zwar meist die positive Eigenschaft, das Herz auf der Zunge zu tragen, neigen aber auch dazu, das Gespräch sehr schnell auf eine zu persönliche Ebene zu bringen. Dies verhindert, dass argumentativ diskutiert werden kann. Hilfreich ist dann nur, selbst absolut sachlich zu bleiben.

Mach dir klar, was du leistest

Es sorgt oft für inneren Frust und Ärger, wenn du als introvertierter Mensch das Gefühl hast, dass deine Arbeit kaum wahrgenommen wird. Oft weißt und vor allem zeigst du selbst aber nicht so genau, was du eigentlich alles leistest. Daher bist du dann auch nicht der Erste, wenn es um eine Beförderung geht. Doch du kannst Abhilfe schaffen, indem du zum Beispiel anfängst, deine täglichen Aufgaben und Projekte schriftlich festzuhalten. So weißt du, was du alles erledigt hast, und beim nächsten Gespräch mit deinem Chef hast du etwas in der Hand, was du ihm präsentieren kannst. Vor allem bei Verhandlungen um eine Gehaltserhöhung oder bei der Akquise neuer Projekte sind solche Notizen für Introvertierte extrem hilfreich.

ERBITTE HILFE, WENN DU SIE BRAUCHST

Wenn du einer der fleißigsten Mitarbeiter bist, aber ständig allen potenziellen Konflikten aus dem Weg gehst, dann erledigst du zwar deinen Job gründlich, bist aber insgesamt eher unauffällig. Vereinfacht ausgedrückt könnte man sagen, dass du lieber gibst als nimmst. Viele leise Menschen agieren so. Das ist innerhalb eines Teams ganz nützlich, weil es dort meist eh schon zu viele von denen gibt, die gern nehmen. Aber für deine eigene Entwicklung kann es hinderlich sein. Vermutlich bist du sofort zur Stelle, wenn es irgendwo brennt und jemand Unterstützung braucht, aber selbst bittest du deine Kollegen und Mitarbeiter selten um Hilfe. Es ist gut, wenn du deine Aufgaben allein auf die Reihe bekommst, doch es ist kein Zeichen von Schwäche, wenn du ab und an um Hilfe bittest. Im Gegenteil: Die Bitte um Hilfe ist die höchste Form der Anerkennung für den anderen. Du stellst dir nur selbst ein Bein, wenn du hier zu zurückhaltend bist. Viele Dinge gelingen nicht nur besser, wenn man Unterstützung bekommt, sondern sie machen gemeinsam auch viel mehr Spaß.

LEBE DEINEN SWEET SPOT

Sehr oft habe ich beobachtet, dass Menschen ihre beruflichen Träume zugunsten eines Jobs aufgegeben haben, der besser bezahlt wird. Das führt dazu, dass viele ihren Beruf ausüben, ohne wirklich eine Leidenschaft dafür zu empfinden. Das aber ist ein eher schales Leben.

ENTDECKE DEINE LEIDENSCHAFT

Neulich las ich einen Satz, der mich darüber nachdenken ließ, wie wichtig es ist, das Leben mit den Tätigkeiten zu verbringen, die uns wirklich glücklich machen. Der frühere uruguayische Staatspräsident José Mujica sagte, dass wir eigentlich nie mit Geld bezahlen, sondern mit der Lebenszeit, die wir damit verbracht haben, dieses Geld zu verdienen. Wie findest du das? Achte doch in den nächsten Tagen mal darauf und denk jedes Mal, wenn du etwas bezahlst, darüber nach, wie vielen Arbeitsstunden dies entspricht. Und dann stell dir vor, du würdest die Zeit, die nötig ist, um Geld zu verdienen, mit einem Lächeln und nicht gestresst oder gelangweilt verbringen.

Ich mag den Begriff »Sweet Spot« mittlerweile viel mehr als »Berufung«, denn das hat so viel mit Beruf, Geldverdienen, Karriere und Job zu tun. Aber darum geht es nicht nur. Sweet Spot – das beschreibt den optimalen Zustand deines Lebens, nicht nur im Beruf, sondern in allem, was dich ausmacht. Wenn du zu den Menschen gehörst, die noch nicht genau wissen, worin ihre eigene Bestimmung liegt, ist es an der Zeit, in dein Inneres zu blicken und etwas dafür zu tun, um dein Leben nach deinen eigenen Vorstellungen einzurichten. Hierzu gehört auch, die Tätigkeit zu finden, mit der du nicht nur den Lebensunterhalt verdienen kannst, sondern die du mit wirklicher Leidenschaft ausübst.

Was ist der ideale Beruf? Einer, mit dem man so richtig Geld verdienen kann? Oder einer, bei dem man nicht jeden Tag nach der Arbeitszeit gestresst nach Hause flüchtet? Die Antwort ist: beides. Der ideale Beruf muss sowohl den Lebensunterhalt sichern als auch Freude schenken. Dies ist jedoch nur möglich, wenn man die Arbeit wirklich liebt. Denn nur bei einer Arbeit, die man auch genießt, kann man sein Bestes geben. Daher sollten bei der Suche nach der Berufung folgende Fragen beantwortet werden:

→ Was mache ich wirklich gut und gern?
→ Gibt es eine Möglichkeit, damit Geld zu verdienen?
→ Für welches Lebensziel oder welche Art von Leben würde ich große Anstrengungen unternehmen?
→ Was wird mich jeden Morgen mit einem Lächeln aufstehen lassen?

SCHAU NACH INNEN

Die Vielfalt deiner Talente

Schreib alle deine Talente auf. Vielleicht sind es recht viele, von denen dich aber nur einige wirklich glücklich machen. Relevant für deinen Sweet Spot sind vor allem die Gaben, die dich persönlich mit Zufriedenheit erfüllen. Stell also zusammen, welches Spektrum an Qualitäten du einsetzen möchtest. Es spielt dabei keine Rolle, wie merkwürdig diese Talente auf den ersten Blick scheinen. Es gibt im Grunde kein Talent, mit dem nicht auch Geld verdient werden kann. Während du manche Sachen liebend gern tust, gibt es Menschen, die dieselbe Tätigkeit gar nicht mögen und nach Menschen suchen, die dies hervorragend können.

SCHAU NACH INNEN

Was sehen andere in dir?

Frag Freunde und Familienmitglieder, was sie für deine Stärken halten. Erkundige dich auch nach Ideen, wie du deine Stärken einsetzen kannst, um sie für andere attraktiv zu machen. Auch in einem eigenen Blog kannst du dich und deinen Service vorstellen.

Erlaub dir, über deine Sehnsüchte und Träume nachzudenken und darüber, wie sie zu deinen Gaben und Talenten passen. Welche tiefste Sehnsucht brennt in dir? Was ist dein größter Traum? Beantworte auch diese Fragen schriftlich. Das zwingt dich, konkret zu werden und genau zu formulieren, was dir wichtig ist. Schon Aristoteles sagte: »Wo sich deine Talente, deine Sehnsüchte und Träume mit den Bedürfnissen der Welt kreuzen, dort liegt deine Berufung.« Find es heraus – und dann wag es, deine Stärken wirklich zu schätzen und zu nutzen. Schließlich bestimmen die Stärken darüber, wie gut du deine Arbeit ausübst. Nur die Arbeit derjenigen wird sichtbar, die ihre Talente nicht verstecken. Und wäre es nicht an der Zeit, dass du deine Fähigkeiten offenbarst?

WECHSLE, WENN DU WECHSELN MUSST

Wenn du die Berufsauswahl bereits hinter dir hast, bedeutet dies nicht, dass es zu spät für deine Berufung ist. Nichts hindert dich daran, deine Prioritäten noch einmal zu hinterfragen und einen Neuanfang zu wagen. Und wenn du aus ganz praktischen Gründen deine Arbeit nicht wechseln möchtest, dein Herz jedoch für etwas anderes brennt, dann nutz die Freizeit dafür. Dies wird dir neue Kraft und Frische geben.

LEBEN IM SWEET SPOT

Wer seinen Lebensstil, seine Berufung, seinen ureigenen Weg gefunden und angenommen hat, der lebt im Sweet Spot: leicht, freudig, stark. Introvertierte Menschen tun das auf andere Weise als extrovertierte, aber nicht weniger kraftvoll.

Ich lebe meine Berufung, auf meine leise Weise.

Ich weiß, was ich kann. Und ich zeige es gern und stolz der Welt.

Es ist schön, ein stiller Mensch zu sein und zugleich mitten in der Welt.

DER MUT ZUM GUTEN LEBEN

Mut ist die wichtigste Voraussetzung dafür, Träume und Wünsche zu leben. Bringst du genug Mut auf? Denn Hand aufs Herz: Welche Faktoren waren oder sind für deine bisherige Berufswahl maßgebend? Die meisten von uns erkundigen sich dabei nach der Lage auf dem Arbeitsmarkt und wollen wissen, welche Berufe besonders gefragt sind. Dabei sollte die natürliche Veranlagung die Wahl bestimmen. Es ist eine Tatsache, dass Menschen, die ihre Arbeit wirklich lieben, immer besser sein werden als diejenigen, die sie nur für Geld und Ansehen machen. Ein Projekt, das wir leidenschaftlich gestalten, wird immer besser als eines, zu dem wir uns nur verpflichtet fühlen.

Keine Angst vor Veränderung

Den Sweet Spot zu finden und zu leben bedeutet nicht nur, den idealen Schnittpunkt zwischen der eigenen Leidenschaft, den eigenen Stärken sowie dem Bedarf danach zu finden. Mit der Zeit kann sich der Markt ändern oder wir entwickeln andere Interessen oder rücken andere Talente in den Vordergrund. Daher solltest du keine Angst vor Veränderungen in deinem Leben haben.

Zwar fürchten wir uns alle ein wenig, wenn das Alte nicht mehr trägt. Doch wir brauchen immer wieder das Neue, um wachsen zu können. Deswegen sind Herausforderungen, so negativ sie manchmal auch scheinen, im Grunde positiv. Lass dich auf neue Erfahrungen ein und schätz klug ein, was dich in den nächsten Jahren wahrscheinlich interessieren wird. Hab keine Angst davor, die Aspekte deines Lebens zu verwerfen, die dich innerlich nicht mehr erfüllen, und neue Dinge zu versuchen, die für dich spannend werden. Behalt deine Balance im Leben und sorg dafür, dass du dich nie davor scheust, das zu tun, was dich als leisen Menschen glücklich macht.

Es gibt für das Leben kein Rezept und es ist aus meiner Sicht ganz falsch zu glauben, man müsste wissen, wo man sich in fünf oder zehn Jahren befinden wird. Auch wenn diese Frage beispielsweise bei Bewerbungsgesprächen zu den Klassikern gehört. Ich könnte darauf nur antworten: Ich weiß es nicht, nicht mal das nächste Jahr ist fest durchgeplant und sonnenklar im Ablauf. Und das ist bei vielen Menschen so. Denn nicht nur die Jobs ändern sich mit der Zeit, sondern auch wir selbst ändern uns ständig. Daher spricht nichts dagegen, unterschiedliche Tätigkeiten auszuprobieren und sich auf den verschiedensten Gebieten zu versuchen. Selbst wenn dies bedeutet, dass wir nach zehn Jahren merken, dass der Punkt, an dem wir uns befinden, gar nicht »geplant« war. Wenn du dann glücklich bist: Prima! Ich bin's.

WIRKE NACH AUSSEN

Probier dich aus

Was du auch tust: Sei offen für neue Menschen in deinem Leben. Auf diese Weise wirst du auf ungeahnte Möglichkeiten stoßen, deinen Träumen näher zu kommen. Neue Kontakte sind auch eine Möglichkeit, Leistungen anzubieten, ohne sofort damit Geld zu verdienen. Auf diese Weise kannst du nämlich abschätzen lernen, ob dein Angebot gemocht und wie es bewertet wird. In vielen Bereichen können unsere Leistungen zufriedenstellend sein, aber nur in wenigen können sie über dem Durchschnitt liegen. Genau diese Bereiche aber sollten wir finden. Sie versprechen uns und anderen am meisten Befriedigung. Was spricht dagegen, vieles auszuprobieren? Machen wir das nicht, werden wir nie erkennen, ob eine dieser Tätigkeiten die ist, die wir liebend gern die nächsten zwanzig Jahre lang machen wollen.

Vorsicht!
Stolperfallen

Falsche Bescheidenheit, Lampenfieber, Selbstzweifel, Perfektionismus – es gibt so einige Dinge, die vielen Intros das Leben schwermachen. Doch sie sind unnötig!

SEI NICHT ZU BESCHEIDEN

Den wenigsten Extrovertierten sagt man große Bescheidenheit nach. Vielen Intros hingegen schon. Manchmal sind sie sogar zu bescheiden – und das heißt: Sie nehmen sich selbst nicht wichtig genug. Bescheidenheit wird in unserer Kultur leider zunehmend negativ eingestuft. Das liegt insbesondere daran, dass diese Eigenschaft mit einer bescheidenen Leistung oder Ähnlichem verwechselt wird. Es wird auch häufig in Verbindung mit Selbstbeschränkung gebracht. Manchmal wird vergessen, wie wichtig Bescheidenheit in einer Gesellschaft ist und welche Vorteile sie mit sich bringt. Sie erleichtert es uns unter anderem, Aufgaben, Fehler und persönliche Schwächen besser anzunehmen, zu akzeptieren und für unser Wachstum umzuwandeln.

VORBILD ASIEN

In Asien werden introvertierte Menschen geschätzt. Ihre Zurückhaltung und die damit verbundene Bescheidenheit werden hier nicht nur als angenehm, sondern auch als erfolgversprechend eingestuft. In der asiatischen Kultur haben das Stetige und Stille von jeher einen höheren Stellenwert als bei uns. Das Ideal bilden hier Qualitäten wie Hingabe, Konzentration, Entschlossenheit und Achtsamkeit. Asien kann uns in diesem Bereich also als Vorbild dienen. Dort kommen Introvertierte besser an. Das zeigt sich schon in der Grundschule. Vergleichsstudien bestätigen, dass in China leisere Kinder als Spielkameraden bevorzugt werden. Auch als »Anführer« sind sie mehr gefragt. Das liegt nicht zuletzt an der Erziehung. Eltern bestärken ihre Kinder traditionell in einer sachten und empfindsamen Ausdrucksweise, während lautes und lebhaftes Verhalten als rücksichtslos eingestuft wird.

Erfolgsfaktor Bescheidenheit

In Asien ist es üblich, seine Gefühle nicht nach außen zu kommunizieren. Als höflich gilt hier, wer seine Mimik und Gestik beherrschen kann und gelassen bleibt. Uns als Mitteleuropäern ist das oftmals fremd. Und genau betrachtet hat es viel mit Introversion zu tun. Denn wer seine Aufregung oder sein Missfallen nicht nach außen trägt, der nimmt sich zurück, sodass sein Gegenüber damit nicht belastet wird. Er klärt die Dinge für sich in seinem Inneren.

Viele Menschen bei uns versuchen, ihr Gesicht zu wahren, indem sie macht- und selbstbewusst agieren. In Gesellschaften, die von Konfuzius geprägt sind, kommt das nicht gut an. Hier gilt, dass jeder so kommunizieren sollte, dass der Gesprächspartner nicht in Verlegenheit gebracht wird. So wird Kritik nicht direkt, sondern lieber indirekt formuliert. Das hat den großen Vorteil, dass Unstimmigkeiten oder Absagen taktvoll und schonend formuliert werden. Man muss sich Zeit geben und nachdenken, wie man etwas so formulieren kann, dass der Gesprächspartner nicht in eine unangenehme Lage kommt. Gerade das sind eindeutige Stärken von leisen Menschen.

ETWA GETARNTE FEIGHEIT?

Zurück zu uns nach Mitteleuropa. Leider gibt es da viele Menschen, die sich nur als bescheiden bezeichnen, es in Wirklichkeit aber gar nicht sind. Sie verstecken sich hinter dieser Tugend, um Konflikten aus dem Weg zu gehen oder um sich nicht engagieren zu müssen. Dabei hat dieses Verhalten genau den gegenteiligen Effekt, denn weder man selbst noch das Umfeld profitiert davon. Oft fällt in diesem Zusammenhang der Begriff »falsche Bescheidenheit«. Dabei handelt es sich nämlich um ein passiv-aggressives Verhalten, das mit wahrer Bescheidenheit nicht viel zu tun hat. Es dient lediglich dazu, selbst besser dazustehen und andere zu manipulieren.

Die echte Bescheidenheit eines Introvertierten, der zu sich zu stehen gelernt hat, besteht darin, dass er seine Lebensaufgabe und seine Berufung durch seine eigene innere Motivation findet und sie auslebt, ohne andere in seinem Umfeld damit beeindrucken zu wollen. Introvertierte, die das noch nicht erkannt haben, geraten nicht selten in eine andauernde innere Unzufriedenheit und vielleicht auch unfreiwillige Einsamkeit. Sie ziehen sich in ihr Schneckenhaus zurück und schmollen, weil sie nicht als das erkannt werden, was sie ihrem eigenen Gefühl nach ausmacht. Oftmals stimmt dieses Gefühl sogar. Aber sie selbst müssen aktiv werden und aufhören, die eigenen Stärken unter Wert zu verkaufen. Denn nur wenn sie mit Freude und Enthusiasmus gelebt werden, kann das Leben gelingen.

WIRKE NACH AUSSEN

Gesunder Egoismus

Das Leben kann von vielen Zwängen beherrscht scheinen. Aber es sind Kompromisse möglich, die dir als leisem Menschen mehr Lebensqualität schenken. Hast du mit der Selbstreflexion begonnen, dann wird dir eine Portion gesunder Egoismus dabei helfen, dass du im Leben Entscheidungen treffen kannst, die dir zu mehr Glück und Zufriedenheit verhelfen. Gesunden Egoismus kannst du entwickeln, indem du nicht so schnell Ja sagst, wenn jemand etwas von dir will. Fühl immer erst in dich hinein: Will ich das jetzt? Kann ich das jetzt? Tut mir das gut? Es geht darum zu lernen, nicht automatisch immer und zu jeder Zeit für alle anderen da zu sein, sondern auch auf die eigenen Bedürfnisse zu achten und dich gezielt für sie einzusetzen. Fang mit kleinen Schritten an.

SCHLUSS MIT LAMPENFIEBER

Ob vor Reden, Vorträgen, Aufführungen oder anderen Auftritten vor Publikum, Lampenfieber wird nicht nur von dir gefürchtet. Viele Redner, Sänger und Schauspieler haben es. Und auch ich hatte viele Jahre lang damit zu kämpfen, jetzt ist es aber völlig verschwunden. Was ich heute vor Auftritten empfinde, würde ich als gesunde Aufregung bezeichnen. Ich habe es gelernt, durch Üben und Üben und Üben.

HINAUS IN DIE ÖFFENTLICHKEIT!

Lampenfieber ist die Angst zu versagen. Sie allein kann schon der Auslöser von Stress und Panik sein. Du solltest daher bereits im Vorfeld damit beginnen, dir selbst diese Angst zu nehmen. Hier folgen die optimalen Strategien dafür.

Stresshormone zügeln

Das Heimtückische beim Lampenfieber ist, das du dich noch so gut vorbereiten kannst, sobald dein Körper unter Stress gerät, wird Adrenalin ausgeschüttet und dein komplexes Denken wird eingeschränkt. Diese Freisetzung von Hormonen aber kann kein Mensch bewusst steuern, daher ist es auch unmöglich, das Lampenfieber auf direktem Weg im Akutfall zu verhindern. Doch du kannst ihm längerfristig vorbeugen – indem du dem Stress vorbeugst. Genau so habe ich es gelernt. Wird der Stress unterbunden, wird die Ausschüttung von Adrenalin verhindert und das Lampenfieber gelindert.

SCHREIB AUF, WAS DU ZU SAGEN HAST

Schreib dir deine Rede auf. Sammle alles, was gesagt werden soll, sortier es sinnvoll und formulier es aus. Mach es wirklich schriftlich, damit schaffst du eine sichere Basis. Folg im Aufbau deines Vortrags deiner persönlichen Logik. Nur wenn du den Ablauf der einzelnen Punkte selbst klar nachvollziehen kannst, kannst du ihm automatisch und intuitiv folgen, auch wenn du aufgeregt bist. Verlass dich bei der Ausformulierung vollkommen auf deine eigenen Worte. Nur so wird dein Vortrag überzeugend klingen.

DEN VORTRAG ÜBEN

Sobald du mit allen Formulierungen inhaltlich zufrieden bist, kannst du das Vortragen üben. Am besten machst du dies zuerst für dich und dann gemeinsam mit einer vertrauten Person. Positive Kritik kann nämlich sehr hilfreich sein. Nicht nur der Blick in den Spiegel ist wichtig, sondern auch ein kritischer Betrachter von außen.

Das Richtige im Magen

Du kannst Konzentration und Stimmung durch die Nahrung stark beeinflussen. Beobachte dafür lange vor deinem Auftritt deinen Körper. Neigst du in Stresssituationen zu Unterzuckerung? Dann halt Traubenzucker oder Müsliriegel bereit, auch eine Banane kann wahre Wunder wirken. Damit du dich gut fühlst und selbstsicher auftreten kannst, solltest du die Bildung des körpereigenen Glückshormons Dopamin anregen – mit Mandeln beispielsweise. Außerdem ist erwiesen, dass Zimt im Kaffee die Konzentration enorm steigern kann. Zudem stabilisiert Zimt den Blutzucker, was zusätzlich zu deinem Wohlbefinden beitragen kann. Für Hochsensible kann Kaffee allerdings zu Überreizung und Extraaufregung führen. Probier es also vorher aus.

WIRKE NACH AUSSEN

Effektives Körpertraining

Falls du häufig Reden und Vorträge halten musst, solltest du dir überlegen, ob du Körper und Geist nicht bewusst darauf trainieren möchtest. Ganzheitlich stärkende Entspannungsübungen wie Yoga, Chi Gong oder Tai Chi können dir viele Vorteile bringen. Du lernst, deine Energien besser und effektiver einzusetzen, Stress zu vermeiden und mithilfe der richtigen Muskelanspannung und Atemtechnik deine Ziele zu erreichen. Diese Fähigkeiten können dir in vielen alltäglichen Situationen das Leben erleichtern. Insbesondere aber werden sie dich nach und nach zu einer immer besseren Performance bei deinem öffentlichen Auftreten führen. Lampenfieber hat dann keine Chance mehr.

So kannst du schon im Vorfeld Fehler vermeiden und Mimik und Ausdruck verbessern. Als Übungszuhörer eignen sich natürlich nur solche, die auch wirklich Kritik üben können. Bei lieben Menschen, von denen du schon im Vorfeld weißt, das sie dich nie ernsthaft kritisieren, kannst du dich auch nicht über Lob freuen, denn du wirst es einfach nicht glauben, dass du gut warst. Du brauchst kritische Betrachter. Sind diese mit deiner Aktion zufrieden, kannst du dir sicher sein, dass auch die anderen Zuhörer begeistert sein werden.
Deine Versagensangst kann verschwinden, wenn du es schaffst, dich selbst davon zu überzeugen, dass du gut bist und die Leistung erbringen kannst, die von dir erwartet wird. Wenn dir schon vor deinem Auftritt von kritischen Betrachtern bestätigt wurde, dass du nicht nur deine eigenen Ansprüche erfüllen kannst, sondern auch die anderer, lassen die Ängste nach. Dein Selbstbewusstsein wird gestärkt sein.

DAS POSITIVE SEHEN

Lampenfieber ist nicht immer negativ. Würde es das Phänomen nicht geben, würdest du dich vor einem Auftritt kaum so gut vorbereiten. Du würdest fachlich vielleicht nicht genau den Fokus treffen und vom Ausdruck her auch nicht ganz überzeugen. Die Angst zu versagen treibt dich zu Leistungen an, mit denen du dich selbst übertreffen kannst. Das Adrenalin kann die Konzentration steigern und die Sinne schärfen. Diese Begleiterscheinungen sind nützlich, weil sie dich auf 100 Prozent Wachheit schalten, wenn die große Stunde da ist. Fürchte daher das Lampenfieber nicht, sondern sieh es als Chance.

Eine gute Vorbereitung bleibt aber in jedem Fall wichtig. Du darfst das Lampenfieber nicht ignorieren. Wenn du einfach nur hoffst, dass alles gut wird, erzeugst du unnötig großen Stress in deinem System. Und der ist Gift für leise Menschen. Bist du gut vorbereitet, hast du alle Faktoren auf deiner Seite. Du hast deinen Vortrag selbst geschrieben, du kennst den Ablauf und führst durch das Thema. Hast du erst einmal erfolgreich begonnen, genau so, wie du es ausreichend oft vor dem Spiegel geübt hast, sollte dich niemand mehr aus der Ruhe bringen können.

WIRKE NACH AUSSEN

Nur die Ruhe

Je langsamer und deutlicher du sprichst, desto weniger kann es passieren, dass du dich verhaspelst oder dir die Stimme versagt. Lass dir Zeit. Während dir die Inhalte deines Vortrags zutiefst vertraut sind, muss dein Publikum sie erst aufnehmen. Wort für Wort. Satz für Satz.

ES IST DEIN PUBLIKUM

Geh immer davon aus: Die Menschen, die dir bei einem Auftritt gegenübersitzen, sind in der Regel interessiert an dem, was du zu sagen hast. Schau ihnen in die Augen. Sieh, wie viel Sympathie dir entgegenkommt. Nutz schon vor der Rede deinen Charme. Lächle den Menschen ein wenig entgegen, ohne zu übertreiben. Du wirst die positive Resonanz spüren, das Publikum wird dir Kraft geben.

GEH IN DEN AUSTAUSCH

Das Zwiegespräch mit dem Publikum war mein persönlicher Weg aus dem Lampenfieber heraus. Ich suche immer den direkten Kontakt, spreche jemanden persönlich an (»Sie da in der zweiten Reihe, Sie schauen so, als wüssten Sie genau, wovon ich spreche«) oder blicke mal den einen und dann wieder einen anderen so an, als würde ich ein persönliches Gespräch mit ihm führen. Dabei kann ich die Menge der anderen völlig vergessen. Der intime Dialog ist mir auch unter 500 Menschen der liebste. Bei einem Kongress bin ich einmal vom Podium heruntergestiegen und zwischen den Reihen umhergegangen. Bei den unterschiedlichen Themen habe ich einzelne Zuhörer angesprochen und bin dabei auch gleich auf direkte Fragen eingegangen. Die Menschen haben sich getraut dazwischenzufragen – es war wunderbar! Seitdem ermutige ich zu Beginn immer dazu. Es tut uns allen gut, gleich miteinander im Gespräch zu sein.

BLACKOUTS UND DENKBLOCKADEN

Die Angst vor Blackouts gehört vor allem zu freien Vorträgen. Und frei sprichst du auch, wenn du dir nur Stichpunkte auf einen Zettel notiert hast. Das hat den Vorteil, dass du dann auch weißt, wohin mit deinen Händen. Menschen, die unsicher sind, wissen meist gar nicht, wo und wie sie am besten ihre Hände halten sollen. Du solltest sie weder hinter deinem Rücken noch unter der Tischplatte vom Rednertisch verste-

SCHAU NACH INNEN

Fehler sind menschlich

Komplikationen bei Vorträgen sind unvermeidlich. Aber sie sind meistens nicht halb so wild, wie du es dir zuvor ausmalst. Denk einmal über deine eigenen Erfahrungen nach. Sind es in der Vergangenheit nicht gerade die kleinen Patzer bei einem Auftritt gewesen, die das Erlebnis besonders beeindruckend gemacht haben? Kleine Versprecher können die Stimmung der Zuhörer entkrampfen und für Menschlichkeit sorgen. Das Gelächter der Zuhörer ist dann kein Auslachen, sondern eine positive Empfindung, weil alle merken: Da vorn steht auch nur ein Mensch. Solltest du dich versprechen, ist das eben so. Wenn die anderen lachen, stimm mit ein.

cken. Du kannst sie anfangs nutzen, um deine Notizen festzuhalten, und wenn du diese nach einiger Zeit nicht mehr benötigst, kannst du deine freie Rede mit der Gestik deiner Hände unterstützen. Das ergibt sich dann von allein und wirkt natürlich.

Halt nicht zwanghaft an deinen geplanten Ausführungen fest, wenn sie aus irgendwelchen Gründen so nicht durchführbar sind. Es ist dein Auftritt – du bestimmst. Sollte es passieren, dass ein Blackout für jeden Zuhörer erkennbar wird, dann gib es offen zu. Lächle charmant und sag einfach, dass du gerade nicht weiterkommst, weil du den Faden verloren hast. Mach eine kleine Pause und denk neu nach. Du brauchst keine Angst zu haben, dass die Zuhörer dir die Offenheit übel nehmen, im Gegenteil. Zuhörer finden Redner besonders sympathisch, wenn sie menschliche Züge zeigen und Schwächen zugeben. In dem Fall werden Schwächen zu Stärken!

DEIN GROSSER FEIND
SELBSTZWEIFEL

Ist es nicht so? Im Grunde bist du sehr fantasievoll. Du möchtest deine Ziele verfolgen, deine Visionen leben. Wären da nicht die Selbstzweifel, die dir die Energie rauben und dir vorspiegeln, dass du keinen Erfolg haben kannst. Doch wieso eigentlich nicht? Es kann gelingen. Und du kannst es schaffen, mit dir selbst zufrieden zu sein.

SELBSTKRITIK: JA, SELBSTZWEIFEL: NEIN

Die eigenen Gedankengänge und Entwicklungen im Leben selbstkritisch zu untersuchen ist durchaus positiv. Wir müssen Situationen von allen Seiten betrachten, bevor wir eine tragfähige Entscheidung treffen können. Sobald du aber beginnst, deine Kompetenz in Zweifel

SCHAU NACH INNEN

Pro und Kontra

Schreib dir eine zweispaltige Liste, auf der du alle Argumente festhältst: Was spricht für deine Selbstzweifel und was zeigt, dass sie haltlos sind? Du kannst das für Beruf, Partnerschaft und den allgemeinen Umgang mit Menschen machen. Kram in deinen Erinnerungen und liste alles auf.

zu ziehen, hast du verloren. Du kennst dich von allen Menschen am besten. Du weißt genau, was du leisten kannst und was nicht.
Hast du dich jemals überschätzt? Hast du schon einmal Beweise dafür gefunden, dass deine Selbstzweifel begründet sind? Viele introvertierte Menschen werden von Selbstzweifeln geplagt, die keinerlei Basis haben. Versuch gar nicht erst, deine Selbstzweifel zu unterdrücken, es wird dir nicht gelingen. Nutz sie stattdessen für dich. Sobald du für dich selbst überzeugend argumentieren kannst, dass deine Selbstzweifel unbegründet sind, hast du gewonnen.

SCHALT HIN UND WIEDER EINFACH AB

Trotz aller überzeugenden Argumente kann es vorkommen, dass dich die Selbstzweifel nicht loslassen. Nimm dir dann eine Auszeit und denk mal ein paar Stunden lang nicht an das Thema, das dich so stark beschäftigt. Bei einem Spaziergang an der frischen Luft kannst du den Kopf freibekommen. Neue Reize werden deine Sinne von deinem Problem ablenken. Es ist wie beim Reset am Computer, wenn sich das Programm aufgehängt hat. Die Ablenkung wird dir guttun und die Bewegung deine Hormone und deinen Stoffwechsel in Schwung bringen. Die dabei ausgeschütteten Endorphine werden deinen Optimismus steigern und damit dein Selbstwertgefühl.

»Das Glück deines Lebens **hängt von der Beschaffenheit** deiner Gedanken ab.«

MARK AUREL

Ausgeruht denkt es sich besser

Ausreichend Schlaf ist wesentlich. Triff keine wichtigen Entscheidungen, wenn du müde und erschöpft bist. Die dabei entstehende Nervosität wird dir einen falschen Blickwinkel auf die Dinge bieten. Achte generell nicht nur auf genügend Schlaf, sondern auch auf einen geregelten Tagesablauf. Er ermöglicht es dir, deine Aufgaben pünktlich und erfolgreich zu erledigen, was deinem Selbstwertgefühl guttut. Für Selbstzweifel bleibt einfach weniger Raum.

SEI DIR DEINER STÄRKEN BEWUSST

Damit du vom Selbstzweifel nicht immer wieder ausgebremst wirst, musst du dich selbst genau kennen. Du musst wissen, wo deine Stärken liegen und welche Fähigkeiten du beherrschst. Mit diesem Wissen kannst du deine Angst vor dem Versagen eindämmen. Du weißt am besten, was du zu schaffen imstande bist, wenn du dich ausreichend mit dir selbst beschäftigst und beginnst, positiv zu denken.

STOPP DEN INNEREN KRITIKER

Die meisten Introvertierten kennen diese innere Stimme nur zu gut. Stets und ständig hat sie etwas an ihnen auszusetzen. Manchmal ist es schwer, mit diesem »inneren Kritiker« zu leben. Er hat sich tief im Innersten eingenistet und kann ein echter Bremsklotz sein. Allzu oft hält uns diese Stimme im wesentlichen Moment davon ab, wichtige Entscheidungen zu treffen oder etwas im Leben zu verändern.

»Das schaffst du nie!« »Für diesen Job brauchst du dich gar nicht erst zu bewerben!« »Diese Traumfrau kannst du dir aus dem Kopf schlagen. Bestimmt bekommst du einen Korb, wenn du sie ansprichst.« Hörst du manchmal solche oder ähnliche Ratschläge aus deinem Inneren?

Eines ist sicher: Wenn du auf diese Stimmen hörst, stehst du dir selbst im Weg. Das heißt aber nicht, dass du prinzipiell ignorieren solltest, was dir innere Stimmen zuflüstern. Es gibt nämlich auch das Bauchgefühl – und damit liegst du meist richtig. Bauchgefühl und innerer Kritiker sind zwei Stimmen, die du sorgfältig auseinanderhalten musst. Als Bauchgefühl oder Intuition wird die Fähigkeit bezeichnet, komplexe Entscheidungen auch ohne Analyse der Situation und Abwägen verschiedener Optionen zu treffen. Dieses sichere Gefühl für eine bestimmte Situation kann wegweisend und unter Umständen sogar lebensrettend sein – es ist also etwas sehr Positives.

DIE WURZELN DES INNEREN KRITIKERS

Anders sieht es mit dem inneren Kritiker aus. Seine Wurzeln sind meist in der Kindheit zu suchen. Mutter und Vater als die wichtigsten Bezugspersonen des Kindes sorgen nicht nur dafür, dass es genug Nahrung bekommt und ein Dach über dem Kopf hat, sondern vermitteln ihm auch ihre Werte. Sie erklären ihm, was es zu tun und zu lassen hat, damit es später erfolgreich sein Leben meistern kann. Macht der Heranwachsende einen Fehler, wird er dafür kritisiert oder sogar bestraft. Doch die meisten Kinder wollen ihren Eltern keinen Kummer machen. Sie wollen geliebt werden und Anerkennung bekommen. Also richten sie sich nach den Geboten ihrer Eltern und meiden das, was verboten oder riskant ist. Das ist die Geburtsstunde des inneren Kritikers: der verinnerlichten Stimme der Eltern. Und diese Stimme übertreibt meist maßlos.

Von Zeit zu Zeit sollte sich jeder ein paar Gedanken über sich selbst machen. In einer ruhigen Minute über die eigenen Standpunkte und Handlungen kritisch nachzudenken ist unbedingt nötig. Ansonsten bist du schon bald ein Getriebener, der sich selbst verliert. Sein eigenes Leben immer wieder zu reflektieren ist jedoch etwas anderes, als auf den inneren Kritiker zu hören. Er lobt dich nicht, wenn du etwas richtig gut gemacht hast – er mäkelt nur herum, er stellt Verbote auf und schürt Angst.

SCHAU NACH INNEN

Wann hatte dein Kritiker recht?

Mach eine Bestandsaufnahme: Kram in deiner Erinnerung und schreib dir mehrere Gelegenheiten in zwei Spalten auf. Wo lag dein innerer Kritiker richtig? Und wo kam es nicht einmal annähernd so schlimm, negativ und verheerend, wie er es sich ausgemalt hatte?
Wenn du ehrlich suchst, wirst du herausfinden, dass es fast nie so übel kam, wie der Kritiker es dir sagte, und dass er bei objektiver Betrachtung mit seiner Negativität meist völlig danebengelegen hat. Bei den allermeisten Menschen ist die Es-ging-letztlich-recht-gut-Spalte deutlich mehr ausgefüllt als die Es-lief-wirklich-ordentlich-schief-Spalte.

DEN KRITIKER IN DIE SCHRANKEN WEISEN

Du musst dir nicht gefallen lassen, dass dein innerer Kritiker dich bremst und über dein Leben bestimmt. Wehrst du dich nicht, können Ängste, Minderwertigkeitsgefühle oder sogar Depressionen die Folge sein. Es hat negative Auswirkungen auf alle Bereiche des Lebens. Glaubst du deinem Kritiker, dass du ein Versager bist, kann es im Beruf und in der Partnerschaft natürlich nicht klappen. Oder möchtest du mit jemandem dein Leben teilen oder an einem anspruchsvollen Projekt arbeiten, der sich selbst nicht leiden kann?
Besser ist es, sich ernsthaft mit dieser inneren Instanz des Kritikers auseinanderzusetzen. Diskutier mit ihm. Überzeug ihn von deinen Stärken und Qualitäten und weis ihm nach, wann er mit seinen Zweifeln wieder mal völlig danebengelegen hat. Dann kommt ihr mit der Zeit richtig gut miteinander aus.

PERFEKTIONISMUS
IN SCHACH HALTEN

Wie werde ich meinen Perfektionismus los? Diese Frage höre ich oft von introvertierten und besonders sensiblen Menschen. Die Antwort ist einfach, aber für viele nicht so leicht umzusetzen: Stop it! Perfektionismus ist eine anerzogene Unart oder Angewohnheit. Dass die Dinge perfekt sind, ist von der Natur nicht vorgesehen. Niemand außer du selbst erwartet von dir, dass du dich wie ein Sklaventreiber bis zur totalen Erschöpfung zu noch besseren Leistungen zwingst. Auf das Umfeld wirkt Perfektionismus oft sogar abstoßend. Oder wie findest du selbst jemanden, der leistet und leistet und feilt und macht und tut und einfach nie zufrieden ist mit dem, was er geschafft hat?

ES WIRD NIE PERFEKT SEIN!

Introvertiert zu sein bedeutet oft die Fähigkeit, sich stark in Probleme zu vertiefen und eine sehr kritische Einstellung zur eigenen Leistung zu haben. Viele Intros wollen nicht irgendeine, sie wollen die perfekte Lösung! Und die perfekte Leistung. Das perfekte Projektergebnis. Ja, sogar die perfekte Beziehung oder Familie. Aber: Die perfekte Lösung gibt es nicht. Zum einen sind die Dinge fast immer subjektiv – was dem einen gefällt, muss dem Nächsten noch lange nicht gut erscheinen. Zum anderen ist es niemandem möglich, alles genau richtig zu machen. Je mehr es versucht wird, umso schwieriger wird es sogar. Perfektionismus ist der Feind des Guten! Einerseits ist er eine Gabe: Wer könnte bessere Leistungen abliefern als so hoch motivierte Menschen? Andererseits aber ist diese Haltung auch eine große Belastung. Vor allem, wenn andere schon fragen, warum man sich weiterhin in ein Problem verbeißt, obwohl das Ergebnis schon längst ausreichend ist.

SCHAU NACH INNEN

Top Five Richtung Zufriedenheit

- *Versuch, kleine Dinge, die dir gelungen sind, mit Liebe zu betrachten und sie als gut, so wie sie sind, zu schätzen.*
- *Keine Vergleiche mit anderen Menschen oder deren Leistungen.*
- *Bearbeite Aufgabe um Aufgabe, eine nach der anderen. Ist eine fertig, mach ein Häkchen, freu dich dran und geh zur nächsten.*
- *Bitte Vertraute um Feedback, wenn du nicht sicher bist, ob die Arbeit schon abgeschlossen werden kann. Meist werden sie dich entlasten.*
- *Übe dich in Gelassenheit. Atme in kritischen Momenten erst mal durch, zähl bis zehn und reagier dann erst auf Anforderungen.*

Wichtig ist, dass du dir selbst den Druck nimmst, immer und überall perfekt sein zu müssen. Das ist niemand und das erwartet auch niemand von dir. Wer zu perfekt zu sein versucht, wirkt auf andere unecht, berechnend und häufig unsympathisch. Es ist in Ordnung, wenn du hohe Ansprüche an dich stellst und versuchst, deine Aufgaben so gut wie möglich zu machen. Du solltest dich aber nicht vor einer Panne fürchten. Die Angst vor einem Fehler lässt dich vielleicht so unsicher werden, dass du damit sogar Missgriffe provozierst. Sieh dich daher selbst nicht zu kritisch.

So anstrengend die Klette Perfektionismus auch sein kann, sie ist zugleich eine Herausforderung, der du dich leidenschaftlich stellen kannst. Die Voraussetzung dafür ist, dass du Perfektion nicht als Ziel auffasst, sondern als Streben, als Annäherung an einen Punkt in der Unendlichkeit. Und dann gib dein Bestes und schaff die optimalen

Bedingungen: Find einen Platz, an dem du in dem dir gemäßen Tempo und Rhythmus arbeiten kannst, und insgesamt ein Umfeld, in dem deine hohe Wahrnehmungs- und Auffassungsgabe geschätzt werden. Letztlich aber ist es ein Platz in deinem Inneren, den du dir zurückerobern musst. Vertreib den inneren Kritiker, der alles, was du tust, herabwürdigt, weil es nicht gut genug zu sein scheint. Ersetz ihn durch eine innere Instanz, die an dich glaubt und dir mit Wohlwollen und Wertschätzung begegnet. Vielleicht durch eine Art weisen Ratgeber?

HURRA! EIN FEHLER!

Albert Einstein sagte einmal: »Wer nie einen Fehler beging, hat sich nie in etwas Neuem ausprobiert.« Den Mut zur Unvollkommenheit können wir bei vielen großen Geistern erkennen. Wie soll man auch ohne die Erfahrung, die aus Fehlern resultiert, zum Erfolg kommen? Lass also die Angst vor Fehlern los, lass Pannen zu und lern daraus. Fehler machen bringt dich nicht um. Mit jedem Hinfallen und Aufstehen wirst du stärker und selbstbewusster. Du lernst, dass nichts Schlimmes passiert ist und das Leben weitergeht.

Fehler relativieren

Hast du dir mal überlegt, an welche Fehler vom vergangenen Jahr du dich noch erinnerst? Welche Rolle spielen sie jetzt noch? Dazu kommt: Deinen Mitmenschen ist es wahrscheinlich ziemlich egal, wie viele Fehler du machst. Sie haben genug mit ihren eigenen Problemen zu tun. Wie viele Fehler hast du dir von anderen gemerkt? Bestimmt nicht viele. Den anderen geht es ähnlich. Nimm Fehler insgesamt nicht mehr so wichtig. Wenn sie passieren, lernst du daraus und so schenken sie dir sogar etwas.

WIRKE NACH AUSSEN

Das Unvollkommenheitstraining

Die folgenden einfachen Übungen können dir helfen, aus der Tretmühle der angestrebten Vollkommenheit herauszukommen. Probier aus, was bei dir funktioniert. Davon mach dann mehr.

- Sei nicht so detailverliebt, sondern behalt das große Ganze im Auge. So wirst du dich weniger verzetteln. Solange du das Ziel fokussierst, sind die kleinen Steps auf dem Weg dahin nicht so wichtig, wie du vielleicht denkst.
- Sei nachsichtig mit dir selbst und erwarte nicht mehr, als du zu leisten vermagst. Behandle dich so, wie du gern behandelt werden möchtest, und schau mehr auf deine Stärken als auf die Schwächen.
- Vergleich dich nicht mit anderen. Geh lieber davon aus, dass du so wie alle anderen immer das Beste gibst, das dir derzeit möglich ist. Das Unmögliche zu erwarten macht keinen Sinn, sondern setzt dich nur unnötig unter Druck.
- Überprüf immer wieder aus einer Beobachterposition, wie realistisch deine Erwartungen an dich selbst sind. Dann wirst du leicht erkennen, wenn die Gefahr droht, dass du dem Perfektionisten in dir auf den Leim gehst.
- Plan ein, auch Fehler zu machen, und sag dir, dass das völlig normal ist. Wenn dir einmal ein Fehler passiert, bedenke, was du daraus lernen kannst. »Aus Fehlern wird man klug«, hieß es früher oft.
- Übe, mit Kritik locker umzugehen, und nimm sie nicht so tragisch. Sag dir, dass das zur Entwicklung dazugehört, und bitte denjenigen vielleicht sogar um Hilfe. Viele Menschen lieben das und es ist ein Zeichen deiner Größe.
- Mach es dir einfach: Wenn du mehrere Optionen hast, zieh in Betracht, den leichteren Weg zu wählen. Du kannst am Ende womöglich leichter deine Ziele erreichen, wenn du deine Ansprüche herunterschraubst.

Glücklich leise leben

Aktiv gestaltet wird ein Leben sinnerfüllt und fruchtbar. Worauf du als introvertierter Mensch dabei achten kannst? Vor allem auf deine Lebensfreude.

AUF BESTE WEISE SELBSTBEWUSST

Selbstvertrauen gehört zu den Eigenschaften, um die Introvertierte viele der lauteren Menschen beneiden. Kollegen, Nachbarn, Freunde, die sich durchsetzen können und über ein hohes Selbstwertgefühl verfügen, bringen Intros leicht dazu, dass sie sich noch schüchterner oder hilfloser fühlen. Doch Selbstbewusstsein lässt sich entwickeln.

WARUM IST DA EIN MANGEL?

Kein Mensch wird ohne Selbstvertrauen geboren. Erst die Erziehung und das Umfeld sorgen dafür, dass wir nur noch unsere Schwächen sehen und uns klein und wertlos fühlen. Sei es, weil die Eltern immer wieder gesagt haben, dass wir etwas nicht können, dass wir zu still oder einfach nicht liebenswert seien. Sei es, dass wir in der Schule gemobbt wurden und wenig Unterstützung hatten, uns dagegen zu wehren.

RÜCKZUG ALS TRAURIGE ANTWORT

Es gibt viele Wege, einem Menschen das Selbstvertrauen zu nehmen. Und auch die Reaktionen darauf können ganz unterschiedlich sein. Der Extrovertierte versteckt seine Unsicherheit eher hinter lauten Reaktionen. Introvertierte ziehen sich zurück. Sie suchen die Fehler vor allem bei sich selbst und schaffen es irgendwann nicht mehr, auf andere Menschen zuzugehen. Das ist ein Teufelskreis, denn je weniger positive Kontakte wir haben, desto mehr verstärkt sich die Unsicherheit. Dadurch bedingt leidet der Erfolg im Privaten und im Beruf, wir trauen uns nichts mehr zu – obwohl wir doch so viele gute und wertvolle Eigenschaften und Fähigkeiten besitzen. Doch wir fürchten uns davor, erneut Ablehnung zu erleben, und haben Angst vor dem Versagen.

SCHAU NACH INNEN

Schwächen kennen und nutzen

- *Nimm dir ein Blatt Papier und notier in zwei Spalten deine Stärken und Schwächen. Überleg, ob es sich bei Letzteren wirklich um echte Schwächen handelt. Gib dir Mühe, um mehr Stärken als Schwächen zu finden. Hör nicht eher auf, bis die Liste der Stärken länger ist als die der Schwächen. Du findest mehr, als du dachtest, oder?*
- *Schau nun, welche der Schwächen sich positiv nutzen lassen. Wenn du als Intro beispielsweise meinst, zu schweigsam zu sein, versteckt sich dahinter, dass du wahrscheinlich sehr gut zuhören kannst. Es ist nur eine vermeintliche Schwäche, die du in eine Stärke umwandeln kannst. Hör deinen Mitmenschen zu, zeig dein Interesse.*

SELBSTVERTRAUEN KANNST DU LERNEN

Selbstvertrauen und Selbstwertgefühl kann jeder Mensch nur aus sich selbst heraus entwickeln. Was andere über dich denken, ist zwar wichtig, aber eigentlich zweitrangig, weil es in erster Linie darum geht, dass du dich selbst schätzt. Erst wenn du akzeptierst, dass du liebenswert bist, dass du etwas kannst, dass du wichtig bist, entwickelst du Selbstwertgefühl.

Jeder Mensch hat Stärken und Schwächen. Bei einem selbstbewussten Menschen sind die Schwächen ebenfalls vorhanden, doch er lässt sich davon nicht beherrschen. Er setzt auf seine Stärken und misst den Schwächen einen geringeren Stellenwert zu.

»Es ist so leicht, unwillkommene, unliebsame **Gedanken zurückzuweisen,** und schon hat man seine Ruhe wieder.«

MARK AUREL

BADE IN KOMPLIMENTEN

Wie viele leise Menschen kannst du vielleicht Komplimente nicht gut ertragen, weil du sie nur für Schmeicheleien hältst. Versuch einmal, ein Kompliment als das zu nehmen, was es tatsächlich ist: eine Anerkennung für etwas, was dir gelungen ist oder was dich ausmacht. Sei es dir wert. Je öfter du ein Kompliment annehmen kannst, desto mehr stärkt sich dein Selbstwertgefühl. Spiel es also nicht runter, wenn dir jemand etwas Schönes über dich sagt.

LERNE GRENZEN ZU SETZEN UND EINZUHALTEN

Eines haben stark selbstbewusste Menschen dir vielleicht voraus: Sie können Grenzen setzen. Sie bestimmen, an welchem Punkt für sie Schluss ist – egal, ob es sich um Aufgaben bei der Arbeit, um zusätzliche Termine oder Dinge im täglichen Alltag dreht. Das solltest auch du lernen. Mach dir bewusst, dass du ein Recht darauf hast, auch einmal Nein zu sagen, wenn jemand etwas von dir verlangt. Überleg dir bei konkreten Anlässen, wo deine Grenzen liegen und wie weit du maximal gehen möchtest, wenn du um etwas gebeten oder zu etwas aufgefordert wirst. Wenn die Grenze erreicht ist, darfst du dich wehren und sagen, dass hier für dich Schluss ist. Vielleicht hast du bisher häufig nachgegeben, weil du glaubst, dass dir eine Absage nicht zusteht. Für dein Selbstwertgefühl ist es jedoch besser, du sagst Nein, als wenn du etwas gegen deinen Willen tust. Probier es einfach einmal aus. Du wirst in den meisten Fällen feststellen, dass die Kollegen, Nachbarn oder Freunde zunächst einmal verwundert sind, doch dass sie dein Nein akzeptieren und dir mehr Respekt entgegenbringen werden.

MACH DICH BEMERKBAR

Zugegeben, eine »Rampensau« wird aus dir vermutlich nicht werden. Aber darauf kommt es auch gar nicht an. Wichtiger ist es, dass du als die Person wahrgenommen wirst, die du bist. Introvertierte neigen dazu, sehr leise zu reden, Sätze nicht zu beenden und sich nicht auf Konfrontationen einzulassen. Versuch, mit etwas lauterer Stimme zu reden. Allein durch das Heben deiner Stimme verändert sich deine Körperhaltung – du bist weniger unsichtbar. Beende deine Sätze und lass sie nicht einfach ausklingen. Sag deutlich, was du zu sagen hast, egal, ob es den anderen gefällt oder nicht. Es kann auch wichtig sein, dass du dich mit deiner Kleidung, deiner Frisur so richtig wohlfühlst. Das gibt dir mehr Sicherheit, sodass dir die anderen Schritte – lächeln, lauter sprechen, auf jemanden zugehen – leichter fallen.

WIRKE NACH AUSSEN

Glaub an dich!

Wenn du nicht selbst an dich glaubst, warum sollten die anderen es tun? Du weißt, was du kannst. Wenn du unsicher bist, ob du einer Aufgabe gewachsen bist, hör in dich hinein. Meist wirst du merken, dass du viel mehr kannst, als du dir zutraust. Auch die Erinnerung an bereits Gemeistertes wird dir das in vielen Fällen bestätigen. Du bestimmst deinen Weg.

RÜCKSCHLÄGE GEHÖREN DAZU

Immer Erfolg haben kannst du nicht. Auch extrovertierte Menschen mit großem Selbstbewusstsein müssen Rückschläge hinnehmen. Doch sie sagen einfach: Wenn es diesmal nicht geklappt hat, dann eben nächstes Mal. Sie fühlen sich durch einen Fehler nicht in ihrer Person erschüttert. Niemand muss die Schuld nur bei sich selbst suchen. Meist sind mehrere Dinge für einen Fehlschlag verantwortlich. Versuch, berechtigte Kritik anzunehmen, ohne sie als Abwertung deiner Person zu sehen. Du bist mehr als ein Fehler, der passiert ist. Das betrifft auch das Thema Ablehnung. Niemand kommt mit allen Menschen klar und wird von allen gemocht. Wenn eine zwischenmenschliche Beziehung nicht klappt, muss das nicht an dir liegen. Manchmal stimmt schlichtweg die Chemie nicht. Es wird immer Menschen geben, von denen du Ablehnung erfährst. Such dir einfach solche, mit denen du klarkommst.

DU BIST DU

Im täglichen Leben vergleichen wir uns gern mit anderen. Die Kollegen sind erfolgreicher, die Nachbarin ist dünner, der Freund ist sportlicher, die Freundin kann viel besser auf andere zugehen. Die ständigen Vergleiche machen nichts als unzufrieden. Sei du selbst und akzeptier dich so, wie du bist. Dann werden das auch deine Mitmenschen tun. Das ist der wichtigste Schritt auf dem Weg zu mehr Selbstbewusstsein.

Lass dir Zeit

Mangelndes Selbstbewusstsein und Schüchternheit zu überwinden dauert seine Zeit. Überforder dich nicht. Beginn mit kleinen Schritten und probier nicht alle Tipps auf einmal aus. Aber bleib dran!

WIRKE NACH AUSSEN

Selbstvertrauen aufbauen

Für ein besseres Selbstwertgefühl kannst du ein paar Übungen einsetzen. Vielleicht kommen sie dir etwas komisch vor, aber sie wirken.

- Setz oder stell dich vor einen Spiegel. Schau dir selbst in die Augen und sag: »Du bist toll. Ich mag dich. Du kannst alles, wenn du es willst.« Wiederhol das immer wieder. Erst dadurch hat es eine Wirkung. Was zunächst albern klingt, verfestigt sich durch häufiges Aufsagen – schließlich bist du bald selbst davon überzeugt, dass du toll, liebenswert und fähig bist.
- Übe deine Haltung vor dem Spiegel. Stell dich aufrecht hin, heb die Schultern an, streck deinen Körper. »Brust raus, Bauch rein«, den Blick nach vorn, auf Augenhöhe mit dem Gegenüber. Atme dabei ruhig ein und aus. Spürst du neue Energie? Siehst du die veränderte Wirkung im Spiegel?
- Übe auch das Geben der Hand. Ein bestimmter, kurzer, fester Handdruck signalisiert Stärke. Ein leichtes freundliches Lächeln darf ihn gern begleiten. Dabei tief in den Brustraum atmen, das hebt die Schultern und du bekommst eine aufrechtere Haltung, die Selbstbewusstsein zeigt.
- Du kannst dich auch mit dem Smartphone in einem imaginären Gespräch filmen und schauen, wie du wirkst. Sieh es immer wieder an, bis du deine unbewussten Körpersignale verstehst und sie wo nötig anpassen kannst.
- Eine Atemübung hilft dir, dich auf unangenehme Situationen wie ein Gespräch mit dem Chef oder dem Bankberater vorzubereiten. Nimm dir dafür ein paar Minuten Zeit. Setz dich so entspannt wie möglich hin und schließ die Augen. Atme langsam ein und lass den Atem ganz bewusst wieder ausfließen. Atme auf diese Weise, bis du zu deinem Termin musst. Das entspannt und nimmt dir die Angst. Du bist im Gespräch viel ruhiger und kannst Kritik annehmen oder dich gegen ungerechtfertigte Vorwürfe wehren.

EISBRECHER
FÜR GESPRÄCHE

Du gestaltest dein Leben an jedem Tag. Und an jedem Tag triffst du andere Menschen und kommunizierst mit ihnen auf irgendeine Weise. Hast du deine individuellen und passenden »Eisbrecher« erprobt, wirst du freudig und selbstbewusst mit anderen zusammenfinden.

SMALL TALK – JA, BITTE!

Das »kleine Gespräch« ist gar nicht so schlimm wie sein Ruf. Auch ich habe es gelernt, locker und entspannt mit jedermann zu jeder Zeit Small Talk zu halten. Als Erstes habe ich meine eigene innere Abwehr dagegen untersucht und festgestellt, dass sie nur daher kam, dass ich ungeübt war und überhaupt keine Vorbilder hatte. Ich kannte es einfach nicht. Also bat ich eine extrovertierte Freundin, mich zu einem Kongress zu begleiten und mir vorzuleben, wie leicht Small Talk gelingen kann. Meine Freundin hat mir demonstrativ mehrfach gezeigt, wie einfach es ist, mit fremden Menschen ins Gespräch zu kommen, sie knüpfte unverbindliche Kontakte, wirkte dabei entspannt und erzeugte in mir den Wunsch: Das will ich auch können! Ich wollte nicht mehr mit feuchten Händen und hektischen roten Flecken am Hals irgendwo in einer Ecke stehen, mich an einem Glas festhalten und wie ein nervöses Huhn wirken. Jede Veranstaltung mit vielen Unbekannten bereitete mir großen Stress. Das war nun aber schnell vorbei.
Meine Freundin fragte gleich an der Garderobe die neben ihr stehende Frau, ob sie auch so schwer einen Parkplatz gefunden habe. Dabei lächelte sie offen und freundlich und wünschte schließlich einen schönen Tag. Als wir uns gesetzt hatten, fragte sie den Sitznachbarn, ob er einen der Redner schon mal live erlebt habe. Schon war das Eis

WIRKE NACH AUSSEN

Small Talk ist simpel

Sprich einfach immer über das Offensichtliche und Naheliegende. Entscheidend ist zu erkennen, dass du es dir nicht schwer machen musst. Als Anfänger im Small Talk musst du nur eine Regel beachten: Schau dich um und bezieh dich auf das, was du jetzt im Moment siehst. Du musst also nie lange nach Gesprächsthemen suchen. Es ist alles möglich:

- Umgebung, Räumlichkeiten und alles, was du mit dem Auge wahrnimmst.
- Das Thema des Anlasses, bei dem du mit den anderen zusammengetroffen bist, der Theaterabend, der Kongress oder im Alltag der Einkauf.
- Die Frage, warum die anderen da sind und was sie dabei interessiert.
- Praktische Fragen nach der Umgebung: Parkplatz, Toiletten, Garderobe, Ablauf der Veranstaltung und so weiter.

gebrochen. In der ersten Pause ging sie auf den Veranstalter zu und fragte nach Details zum weiteren Ablauf. Auch ganz einfach! Während des Mittagessens sprach sie erst übers Wetter, dann über die Anreise, dann über die Gründe der Tischnachbarn, beim Kongress dabei zu sein. Es wirkte immer völlig unangestrengt und sie zog mich mit dieser angenehmen Art mit ins Gespräch. Mir wurde klar, dass ich mich auf solche Situationen nicht mal besonders vorbereiten muss, da alle Gesprächsthemen immer »dabei« sind.
Und ich hatte erkannt, dass Small Talk eine ganz wichtige Funktion hat: Es ist ein gegenseitiges Beschnuppern, das Aufnehmen einer Beziehung, ohne gleich zu viel von sich preiszugeben. Das kommt Intros doch sehr entgegen! Es lohnt, die Kunst des Small Talks zu lernen.

DEIN LÄCHELN WIRKT WUNDER

Manchmal scheint uns der Alltag grau und kaum erträglich. Die Leute um uns herum laufen mit steinernen Gesichtern umher. Jedem leisen und sensiblen Menschen ist das unangenehm. Doch plötzlich begegnen wir jemandem, der uns ein freundliches Lächeln schenkt! Wie durch Zauberhand erscheint der Tag gleich viel heller, Wärme zieht in unser Herz ein. Und ein paar Momente später sind wir selbst diejenigen, die ein solches Lächeln weitergeben … Lächelnd kannst du dir und anderen den Tag versüßen – auch wenn du schüchtern bist.

EIN ZAUBERMITTEL!

Babys beginnen sehr früh, die Mutter anzulächeln. Damit signalisieren sie zweierlei: »Ich bin zufrieden, mir geht es gut« und: »Ich erkenne dich und ich mag dich«. Durch das Lächeln wird die Beziehung zwischen Mutter und Kind gefestigt. Leider verlieren wir diesen Instinkt, durch einen freundlichen Gesichtsausdruck andere Menschen an uns zu binden, mit der Zeit. Kinder lächeln bis zu 400 Mal am Tag und brechen bis zu 150 Mal in Lachen aus! Erwachsene bringen es durchschnittlich täglich auf gerade einmal 15 Lächeln und sechs Mal Lachen, wie britische Forscher herausfanden.

»Wenn wir irgendetwas unterschätzen in unserem Leben, dann ist es die Wirkung der Freundlichkeit.«

MARK AUREL

Lächeln macht selbstbewusst

Wie kann ein Lächeln dafür sorgen, dass das Selbstbewusstsein wächst? Das ist ganz einfach. Lächeln ist etwas Positives. Menschen, die lachen, wirken auf ihre Mitmenschen freundlicher, offener und liebenswerter. Das geht dir selbst sicherlich auch so: Wenn du die Wahl hast, bist du lieber mit freundlichen, lächelnden Zeitgenossen zusammen als mit griesgrämigen. Wen würdest du um Hilfe bitten: denjenigen, der dich anlächelt, oder denjenigen, der eine versteinerte oder gar verdrossene Miene zeigt? Das Ganze gilt auch umgekehrt: Je positiver und aufgeschlossener du durch dein Lächeln wirkst, desto eher wirst du angesprochen. Die Menschen wenden sich dir zu, dadurch steigt dein Selbstbewusstsein automatisch und dieser Erfolg lässt dich noch sympathischer wirken. Ein Kreislauf.

Es wäre jammerschade, wenn du das Lächeln nicht öfter nutzt. Schließlich ist es eine Winzigkeit, mit der du dir aber den Alltag erleichtern, brenzlige Situationen bewältigen, Bindungen herstellen und sogar deine Karriere fördern kannst. Sehen wir uns einige Vorteile des Lächelns an.

DIE LÄCHELRESONANZ

Es ist schon längst kein Geheimnis mehr, dass die eigenen Gedanken eine große Macht besitzen. Negatives zieht Negatives an und Positives zieht Positives an. So einfach ist das. Doch wie wendest du das an? Beginn bei dir selbst und lächle dir gedanklich zu oder begrüße dein Spiegelbild jeden Morgen mit einem Lächeln. Sei freundlich, auch zu deinen Mitmenschen, schenk deinem Gegenüber ein Lächeln und zu 90 Prozent wirst du einen freundlichen Blick zurückbekommen. In dem Moment, wo du lächelst, wirst du dich selbst schon besser fühlen und auch die Welt um dich herum wird sich viel netter zeigen. Bestimmt hast du es auch im Kino oder bei einer Party schon erlebt:

Wenn jemand herzhaft lacht, stimmen die meisten Anwesenden mit ein. Auch die Gesichter derer, die nicht mitlachen, verziehen sich zu einer freundlicheren Miene. Lachen wirkt also ansteckend. Und das lässt sich wunderbar nutzen, um bessere Stimmung zu generieren – im Büro, zu Hause, überall.

EIN PLUS AN KREATIVITÄT

Froh gestimmte Mitarbeiter sind kreativer als missmutige. Eine wissenschaftliche Studie hat diese Annahme deutlich bestätigt. Sie zeigte, dass Menschen, die gut gelaunt sind, viel kreativere Wege fanden, um Probleme zu lösen. Vergleichsgruppen, die weniger humorvoll auf ihre Aufgaben eingestimmt wurden, konnten nur in Sachen Konzentration punkten. Es ist also förderlich, im Arbeitsalltag auf Humor zu setzen. Das haben bereits viele Unternehmen erkannt. Sie gestehen ihren Mitarbeitern gute Stimmung und humorvolle Pausen während des Arbeitstages zu und sorgen damit für erhöhte Kreativität sowie für ein besseres Betriebsklima.

Wissenschaftliche Fakten

Wusstest du, dass du für ein Lächeln viel weniger Muskeln benötigst als für ein ernstes, griesgrämiges Gesicht? Wusstest du, dass es völlig egal ist, worüber du lachst, ob aus Freude, über einen Witz oder einfach nur so, weil dir danach ist? Wusstest du, dass jedes von dir ausgesendete Lächeln nicht nur dein Gegenüber, sondern auch dich selbst für längere Zeit euphorischer macht? Warum auch immer du lächelst: Die Muskelbewegungen des Gesichts und ein Lachgeräusch stimulieren das Hirn, machen es aufnahmebereiter und helfen sogar dabei, dass das Erinnerungsvermögen angeregt wird. Lächelst du dich selbst im Spiegel an, wird deine Stimmung sofort ein bisschen besser. Lächelst du in der Bahn, beim Einkaufen oder im Büro, wird es dort freundlicher.

WIRKE NACH AUSSEN

Lächeln tut so gut

Lächeln befreit, entspannt, gibt Kraft und nimmt sogar Schmerzen. Du fühlst dich wohler, selbstsicherer und zeigst dich positiv. Selbst wenn du dich nicht traust, dich in Gespräche einzumischen – lächeln kannst du immer. Zeig dein freundlichstes Gesicht und du wirst schnell merken, dass sich viele Dinge in deinem Leben positiv verändern.

LÄCHELND DIE KARRIERE ANKURBELN

Durch Lächeln schneller auf der Karriereleiter nach oben klettern? Das klingt unwahrscheinlich, ist es aber nicht. Gut gelaunte Menschen, die oft lächeln und dadurch das Arbeitsklima in der Firma deutlich verbessern, verdienen mehr Geld. Sie werden häufiger für besser gestellte Positionen empfohlen und bekommen durchgehend bessere Bewertungen. Zu den Kollegen haben sie ein freundlicheres Verhältnis, was sich ganz klar nicht nur auf das Betriebsklima, sondern auch auf die Arbeitsergebnisse auswirkt. Also: Lächeln kann tatsächlich die Karriere anschieben – und das ganz ohne große Anstrengung! Im Gegenteil, es macht dir selbst auch das Arbeitsleben leichter.

ZUGEHÖRIGKEIT SIGNALISIEREN

Wenn du Schwierigkeiten hast, dich einer Gruppe anzuschließen oder dich irgendwo zugehörig zu fühlen: Lachen kann hier zum Bindemittel werden. Bei zwei rivalisierenden Gruppen zeigt es ganz deutlich, wer zu welcher Gruppe gehört. Lacht einer der Beteiligten, schließen sich die anderen Gruppenmitglieder an. Die Gegner hingegen werden nicht mal lächeln. Lachen lässt ein unsichtbares Band zwischen den Sympathisierenden entstehen. Lächle also die an, zu denen du gehören möchtest. Lach mit denen, die du magst. So wirst du fast automatisch als Mitglied der Gruppe akzeptiert.

DEESKALIEREN DURCH LÄCHELN

Zwei Menschen streiten sich um eine Sache, vielleicht um einen Parkplatz oder einen begehrten Artikel am Warenhaustisch. Es gibt zwei Möglichkeiten, wie es weitergeht. Die erste: Der Streit eskaliert, einer der beiden gewinnt. Beide aber haben ein schlechtes Gefühl. Zurück bleiben außerdem die umstehenden Menschen, die diese unangenehme Erfahrung mit nach Hause nehmen und ihre Gefühle dort möglicherweise an anderen auslassen. Die zweite Möglichkeit sieht ganz anders aus: Einer der beiden oder ein unbeteiligter Dritter beginnt zu lächeln – nicht von oben herab, sondern freundlich oder sogar herzlich. In den allermeisten Fällen löst sich der Streit daraufhin auf gute Weise. Die beiden Kontrahenten finden eine Lösung, weil keiner auf seinem Standpunkt beharrt. Platt gesagt: Wer sich anlächelt, haut sich nicht die Zähne ein!

WIRKE NACH AUSSEN

Morgens im Bad

Beginn deinen Tag mit einem Lächeln, das du dir selbst schenkst. Mach ein Ritual daraus, dich morgens im Bad vor dem Spiegel anzulächeln – herzlich, freundlich, mit allen guten Wünschen, die du dir selbst mit in diesen Tag geben willst. Spür, wie es dir dabei geht. Beobachte, wie sich dein Erleben über die Zeit verändert, wenn du dieses Ritual täglich machst.

WIRKE NACH AUSSEN

Lächle, aber richtig

Richtig lächeln – das kann doch jeder? Nicht unbedingt. Als Kind lacht jeder Mensch noch aus vollem Hals. Das Lachen zieht sich über das ganze Gesicht und bezieht die Augen mit ein. Erwachsene lächeln dagegen häufig nur mit dem Mund. Das kann auch wirken, wenn du aber richtig lächelst, dann strahlen deine Augen. Das geht viel tiefer.

SO BERAUSCHST DU DICH SELBST

Es gibt bereits eine Menge Studien zur Wirkung des Lächelns und des Lachens. Es hat einen so unglaublich großen Einfluss auf unser Leben, dass sich die Wissenschaft diesem Phänomen von allen denkbaren Seiten annähert und es vom Säuglingsalter über alle Lebensphasen hinweg untersucht. Psychologen, Soziologen, Biologen, Hirnforscher, Philosophen und einige weitere interessieren sich dafür. Sogar richtige Humorforscher gibt es.

Eine der vielen Arbeiten, die es aus der Wissenschaft zum Lachen gibt, zeigt ein ganz erstaunliches Ergebnis. Dean Mobbs von der Stanford-Universität fand heraus, dass durch Lachen über lustige Begebenheiten oder Witze ein ganz bestimmter Teil des Gehirns stimuliert wird: der Nucleus Accumbens, eine Struktur im unteren Vorderhirn. Dort wird Dopamin ausgeschüttet, das auch als Glückshormon bekannt ist. Der Mensch fühlt sich durch das Lachen daher sehr viel euphorischer und lebendiger. Interessanterweise wird der Nucleus Accumbens auch dann aktiviert, wenn jemand Kokain konsumiert. Daraus lässt sich ableiten, dass auch durch Lachen eine berauschende Wirkung erzielt wird – ganz ohne Nebenwirkungen und Kosten!

GLAUBHAFT UND AUTHENTISCH

Die Erwartungen an uns selbst steigen ständig, sei es im Job oder im Privatleben. Immer häufiger kommen wir dabei mit dem Begriff »Authentizität« in Berührung. In jeder Lebenslage erwartet unser Gegenüber bestimmte Eigenschaften von uns, die so authentisch wie möglich rüberkommen sollen. Um das hinzukriegen, nehmen wir oftmals Eigenschaften an, die unserer introvertierten Persönlichkeit gar nicht gerecht werden. Das aber ist dann das genaue Gegenteil von Authentizität. Und so fragen sich immer mehr Menschen: Was bedeutet Authentizität überhaupt? Wie kann ich als leiser Mensch in einer lauten Leistungsgesellschaft authentisch bleiben?

AUTHENTISCH – WIESO EIGENTLICH?

Viele beschäftigen sich erst dann mit dieser Thematik, wenn sie keine Lust mehr darauf haben, irgendwelche Rollenmuster zu erfüllen, sei es die fürsorgliche Mutter, der tadellose Mitarbeiter oder der gute Freund, der stets für die Probleme anderer ein offenes Ohr hat und seine Bedürfnisse dafür in den Hintergrund stellt. Viele Introvertierte wünschen sich nichts mehr, als endlich sie selbst zu sein, ohne immer im Hinterkopf haben zu müssen, eine bestimmte Erwartung zu erfüllen. Sie wollen selbst entscheiden können, wer sie sind, was sie wollen und wie sie ihr Leben führen. Doch wer lange Jahre damit verbracht hat, den Erwartungen anderer gerecht zu werden, indem er in verschiedene Rollen schlüpfte, dem fällt die Umstellung nicht so leicht. Es rückt zunächst die Frage in den Vordergrund: Wie kann ich lernen, authentisch meine Introvertiertheit zu leben, auch wenn in vielen Lebensbereichen andere Erwartungen an mich selbst gestellt werden?

Bist du du selbst?

Unser digitales Zeitalter macht es uns nicht leicht damit. Schließlich kann sich jeder auf seinen Profilen in sozialen Netzwerken so darstellen, wie er möchte, auch wenn das in den meisten Fällen mit der Realität nur sehr wenig zu tun hat. Der Trend liegt nun mal im »Egomarketing«. Wichtig sind das Image und der Erfolg. Das soll nicht nur für ein aufregendes Privatleben sorgen, es soll im Idealfall auch die Karrierechancen erhöhen. Doch diese Lebensweise wirft Fragen auf: Was ist an uns noch real? Was bleibt an der Persönlichkeit noch echt? Welche Charaktereigenschaften machen jemanden wirklich aus und ab wann beginnt das Schauspiel? Auf dem Weg zu mehr Authentizität steht somit der Wunsch ganz vorn, sich selbst in dem, was man ist, besser zu erkennen und zu leben. »Wer bin ich wirklich?« Wer sich diese Frage stellt, ist auf dem besten Weg zu einem authentischen Leben, das ihm umso mehr Kraft verleihen wird. Es ist eine Frage, die zu wertvollen Veränderungen führen kann.

DIE VIER ELEMENTE DER AUTHENTIZITÄT

Vier Elemente gehören ganz unweigerlich zur Authentizität. Wenn diese vier gelebt werden, führt dies zu einem authentischen Leben, einem Leben in »persönlicher Echtheit«. Bedenke dabei: Tiefe Entwicklungen brauchen ihre Zeit. Mach dich also auf den Weg und sei unterwegs geduldig mit dir.

1. BEWUSSTSEIN

Erst wenn wir wissen, wer wir sind, können wir dies auch aktiv im Alltag zulassen. Zu diesem Bewusstwerdungsprozess gehört, dass wir unsere Stärken und Schwächen genauso gut kennen wie unsere Motive und Gefühle. Manchmal ist es gar nicht so einfach, sich bewusst zu werden, warum wir uns in bestimmten Situationen so verhalten, wie wir es eben tun. Wer sich mit seinem Sosein genauer beschäftigt, wird herausfinden, wie er tatsächlich tickt – und kann dies immer authentischer in alles einbringen, was er tut.

2. EHRLICHKEIT

Wer authentisch sein möchte, muss die Realität annehmen und auch Dinge von sich selbst akzeptieren und zulassen, die ihm vielleicht nicht so gut gefallen. Es hilft auf lange Sicht nicht weiter, immer nur eine geschönte Seite von sich zu zeigen. Es kostet nicht zuletzt sehr viel Kraft, dieses perfekte Bild von sich aufrechtzuerhalten. Ehrlichkeit heißt hier, sich so weit mit sich selbst angefreundet zu haben, dass man sich auch nach außen so zeigt, wie man ist.

3. KONSEQUENZ

Ein weiteres wichtiges Element auf dem Weg zu mehr Authentizität ist die Konsequenz. Wer seine eigenen Prioritäten und Wertvorstellungen hat, sollte auch danach leben und handeln. Das gilt auch bei Prioritäten, die in bestimmten Situationen zu Nachteilen führen könnten. Schließlich ist nichts weniger authentisch, sprich unechter als ein Opportunist. Grundsätzlich gilt daher: Lebe deine Prioritäten und Werte konsequent.

»Erinnere dich, dass alles nur Meinung ist und dass es in deiner Macht steht zu meinen, was du willst.«

MARK AUREL

Nicht jeder muss mich lieben

Authentizität beschreibt das Handeln einer Person, das sich nicht durch äußere Einflüsse verändern oder besser: verbiegen lässt. Um dies leben zu können, darfst du auch als leiser Mensch keine faulen Kompromisse eingehen. Du solltest dir selbst treu sein und zu deinen Überzeugungen stehen. Wer seinen Prinzipien gemäß lebt, muss natürlich auch damit umgehen können, dass es Menschen gibt, die ihn nicht verstehen oder akzeptieren. Doch genau darin liegt die Kunst: sich selbst treu zu bleiben, auch wenn negative Meinungen auf einen zukommen könnten.

4. AUFRICHTIGKEIT

Wer eine bestimmte Rolle spielt und Erwartungen von anderen gerecht zu werden versucht, der ist vielleicht beliebt, aber weit davon entfernt, authentisch zu sein. Es gehört dazu, auch mal Nein zu sagen und die eigene Meinung zu vertreten, auch wenn andere das vielleicht nicht gut finden oder es für sie unbequem wird.

SO LEBST DU AUTHENTISCH

Wenn wir Menschen begegnen, die sich ihren eigenen Vorstellungen entsprechend verhalten und damit Erfolg haben, sind wir begeistert und spüren ihre Kraft. Diese Menschen sind so, wie sie sind. Die Persönlichkeit ist dabei keine feste Größe, denn sie verändert sich stetig. Man sagt, im Schnitt wandelt sich unsere Identität alle zwanzig Jahre. Lebenslang verändert sich also das, was wir authentisch nach außen vertreten könnten. Ein fertiger Mensch, der seine Persönlichkeitsmerkmale ein für alle Mal hat, ist nur eine Illusion. Jede Erfahrung, jede Begegnung, alles formt uns selbst immer wieder neu. Umso spannender ist es, das wirklich Eigene zu finden.

DEIN ALLERBESTES ICH

Aus aktuellen Forschungen, insbesondere aus der Zwillingsforschung, ist bekannt, dass unsere Gene unseren Charakter lediglich zu 20 bis 50 Prozent beeinflussen. Der Rest wird durch unser Bewusstsein, durch unsere Erfahrungen und Entscheidungen gestaltet und geformt. Was aber könnte das heißen? Für mich sieht es so aus: Grundsätzlich sollte nicht die Authentizität bewundert werden, sondern das Talent, die eigenen echten Werte zu erkennen, zu leben und zu bewahren. Das Ziel besteht dann darin, herauszufinden, wer man sein möchte. Welches allerbeste Ich schlummert in deinem Inneren, das gelebt werden möchte? Zur Persönlichkeitsentwicklung gehört immer eine Veränderung im Handeln, Fühlen und Denken. Diese kannst du in Richtung dieses Ichs gestalten.

SCHAU NACH INNEN

Wer bist du, wer willst du sein?

Du hast eine Bestandsaufnahme deiner Stärken und Fähigkeiten gemacht. Nun geht es darum, herauszufinden, wer du sein willst. Frag dich dazu: Welche Charakterstärken willst du vervollkommnen? Wie willst du leben und mit welchen Menschen um dich her? Wer willst du sein, wenn du alt und grau bist? Was willst du unbedingt noch erreichen? Was bist du bereit, dafür zu tun? Wenn du nur Wunschträume hast, wird es nichts mit der Realisierung. Wenn du aber zutiefst bereit bist, Einsatz zu zeigen, kannst du genau so werden, wie du gemeint bist. Gib dir dieses schöne Gefühl, der Regisseur, die Regisseurin deines Lebens zu sein!

SCHAU NACH INNEN

Deine Grundhaltung

Hast du eine negative Grundhaltung gegenüber extrovertiertem Verhalten? Da auch du sowohl introvertierte als auch extrovertierte Züge hast, kann eine ablehnende Haltung gegenüber einer der beiden Seiten eine Sackgasse sein. Hast du mit der Zeit einen Schutzpanzer aufgebaut, der bislang verhinderte, dass du diese Seite in dir ebenfalls entwickelst? Jeder Mensch hat ein bestimmtes Bild von seiner Persönlichkeit, hält sich für offen oder eben für schüchtern. Zu einem authentischen Leben gehört, dass man auch Charakterzüge beachtet, die bislang verborgen blieben. Welche Wesenszüge warten in dir darauf, dass du sie weckst?

MIT ABWEHRMECHANISMEN UMGEHEN LERNEN

Jeder Mensch hat andere Schutzmechanismen entwickelt, um mit unerwünschten Gefühlen umgehen zu können. Einige verdrängen Trauer und Schmerz durch übermäßiges Training oder viel zu viel Arbeit oder dauerndes Reden. Andere lenken ab, indem sie sich über andere Menschen und deren Schwächen aufregen, die sie letztlich aber an sich selbst nicht ausstehen können.

Fast immer laufen diese Abwehrmechanismen unterbewusst ab. Es ist deswegen ganz sicher nicht so leicht, da genauer hinzuschauen. Aber es lohnt sich unbedingt, denn es beschenkt dich damit, dass du nach und nach authentisch wirst – ganz du selbst in deiner Vielfalt. Erleichtert wird dieses Hinsehen durch Selbstmitgefühl: ehrlich und liebevoll empfinden, was an Gefühlen und Wahrnehmungen da ist, ohne in Selbstmitleid zu versinken.

FINDE DEN SINN
DEINES LEBENS

Ob introvertiert oder extrovertiert, eines bleibt niemandem erspart: die Suche nach dem individuellen Sinn des Lebens. Ein souveränes, selbstbestimmtes Dasein bleibt dir verwehrt, wenn du dich damit nicht ernsthaft auseinandersetzt. Intros macht dies aber meist Freude.

DEIN LEITSTERN

Es ist wichtig, dass du nicht den Kontakt zu der Welt verlierst, in der du lebst. Kombiniert mit der Innenschau kann dir dein Blick nach außen den Leitstern deines Lebens aufzeigen. Such diese Orientierung und erprob deine eigenen, ganz persönlichen Wege. Es ist ganz allein deine Aufgabe, herauszufinden, was dich jeden Morgen neu aufstehen lässt – voller Freude und Tatkraft.

SCHAU NACH INNEN

Was gibt dir Sinn?

Stell dir immer wieder diese Fragen und lausch auf die Antworten aus deinem Inneren: Warum bist du genau so, wie du bist? Was kannst du mit deinen Gaben anfangen? Welche Vorteile schenkt dir deine Introvertiertheit? Wie kannst du sie sinnvoll einsetzen, privat und beruflich?

MEIN PERSÖNLICHER AUSBLICK

Introvertierte, leise Menschen habe es schwer in einer Zeit, die sich durch aggressives Selbstmarketing kennzeichnet. Mittlerweile zeigt sich aber im großen gesellschaftlich-politischen Rahmen ebenso wie im beruflichen, persönlichen und familiären Bereich, dass die Welt so nicht mehr funktioniert. Und aus meiner Sicht sind es gerade die Introvertierten, die jetzt gefragt sind, so manche Fehlentwicklung zu korrigieren. Ich persönlich glaube, dass ihre besonderen Merkmale heute umso mehr gebraucht werden. Ihre Sensibilität, ihre Gründlichkeit, ihre Beständigkeit, ihre kluge Bescheidenheit – die wunderbaren Stärken der leisen Menschen können auf allen gesellschaftlichen Ebenen korrigierend wirken. Die Ökonomie wird von ihnen ebenso profitieren wie die Umwelt, das Bildungssystem, Wissenschaft, Kunst und Kultur. Und nicht zuletzt das alltägliche Miteinander.
Wenn es uns – Introvertierten wie Extrovertierten – gelingt, gemeinsam eine Umgebung zu schaffen, die beide Lebens- und Seinsweisen gleichermaßen zum Blühen kommen lässt, haben wir alle eine schönere und harmonischere Zukunft. Je mehr Menschen sich selbstbewusst zu ihren leisen Persönlichkeitsmerkmalen bekennen und nicht länger versuchen, anders zu sein, umso mehr Menschen werden sich offen in diese Richtung entwickeln. Das wünsche ich mir, dir und uns allen.

»Blick in dein Inneres. Da ist die Quelle des Guten, die niemals aufhört zu sprudeln, wenn du nicht aufhörst zu graben.«

MARK AUREL

Bücher und Adressen, die weiterhelfen

BÜCHER AUS DEM GRÄFE UND UNZER VERLAG

Berkham, Barbara: *Wahre Stärke muss nicht kämpfen*

Hammer, Matthias: *Der Feind in meinem Kopf*

Heintze, Anne: *Ich spüre was, was du nicht spürst*

Heintze, Anne: *Kopf aus, Bauch an?*

Rubin, Yvonne: *Selbstbewusstsein*

BÜCHER AUS ANDEREN VERLAGEN

Aron, Elaine: *Sind Sie hochsensibel?*, Mvg

Bandelow, Borwin: *Das Buch für Schüchterne*, Rowohlt

Brown, Brené: *Die Gaben der Unvollkommenheit*, Kamphausen

Cain, Susann: *Still*, Goldmann

Heintze, Anne: *Außergewöhnlich normal*, Ariston

Hundt, Patrick: *Kopfsache. Liebe den Introvertierten in dir*, Hundt

Laney, Marti Olsen: *Die Macht der Introvertierten*, Huber

Löhken, Sylvia: *Intros und Extros*, Gabal

Löhken, Sylvia: *Leise Menschen – starke Wirkung*, Gabal

Schnack, Nathalie. *Leise überzeugen*, Humboldt

Taleb, Nassim Nicholas: *Antifragilität*, btb

Wolf, Chris: *Überzeugend leise*, Business Village

Wüst, Petra: *Schüchtern war gestern*, Orell Füssli

WEITERE INFORMATIONEN ÜBER DIE AUTORIN

www.open-mind-akademie.de

www.youtube.com / OpenMindKanal

www.facebook.com / AnneHeintze Autorin

Vernetzung in Online-Gruppen: www.open-mind-akademie.de/gemeinsam-sind-wir-stark

Sachregister

IMPRESSUM

Projektleitung und Lektorat: Dr. Diane Zilliges

Redaktion: Claudia Böhm

Bildredaktion: Henrike Schechter

Umschlaggestaltung und Layout: independent Medien-Design, Horst Moser, München

Herstellung: Susanne Mühldorfer

Satz: Uhl + Massopust, Aalen

Lithos: Longo AG, Bozen

Druck und Bindung:
Drukarnia Dimograf SP.zo.o Polen

ISBN 978-3-8338-5301-2

1. Auflage 2016

Die GU-Homepage finden Sie unter www.gu.de

Bildnachweis
Illustrationen Cover und Innenteil: Silja Götz

Syndication:
www.seasons.agency
Ein Unternehmensbereich der StockFood GmbH

Wichtiger Hinweis
Die Gedanken, Methoden und Anregungen in diesem Buch stellen die Meinung bzw. Erfahrung der Verfasserin dar. Sie wurden von der Autorin nach bestem Wissen erstellt und mit größtmöglicher Sorgfalt geprüft. Sie bieten jedoch keinen Ersatz für persönlichen kompetenten medizinischen Rat. Jede Leserin, jeder Leser ist für das eigene Tun und Lassen auch weiterhin selbst verantwortlich. Weder Autorin noch Verlag können für eventuelle Nachteile oder Schäden, die aus den im Buch gegebenen praktischen Hinweisen resultieren, eine Haftung übernehmen.

Umwelthinweis
Dieses Buch wurde auf PEFC-zertifiziertem Papier aus nachhaltiger Waldwirtschaft gedruckt.

QUALITÄTS G|U GARANTIE

Liebe Leserin, lieber Leser,

haben wir Ihre Erwartungen erfüllt? Sind Sie mit diesem Buch zufrieden? Haben Sie weitere Fragen zu diesem Thema? Wir freuen uns auf Ihre Rückmeldung, auf Lob, Kritik und Anregungen, damit wir für Sie immer besser werden können.

GRÄFE UND UNZER Verlag
Leserservice
Postfach 86 03 13
81630 München
E-Mail:
leserservice@graefe-und-unzer.de

Telefon: 00800 / 72 37 33 33*
Telefax: 00800 / 50 12 05 44*
Mo–Do: 9.00 – 17.00 Uhr
Fr: 9.00 – 16.00 Uhr
(gebührenfrei in D, A, CH)*

Ihr GRÄFE UND UNZER Verlag
Der erste Ratgeberverlag – seit 1722.

www.facebook.com/gu.verlag

GRÄFE UND UNZER

Ein Unternehmen der
GANSKE VERLAGSGRUPPE